다윈이 들려주는 진짜진짜
진화론

다윈이 들려주는 진짜진짜
진화론

1판 1쇄 발행	2021년 1월 2일
글쓴이	김승태
그린이	허라미
편집	이용혁 허준회
디자인	문지현 오나경
펴낸이	이경민
펴낸곳	㈜동아엠앤비
출판등록	2014년 3월 28일(제25100-2014-000025호)
주소	(03737) 서울특별시 서대문구 충정로 35-17 인촌빌딩 1층
전화	(편집) 02-392-6901 (마케팅) 02-392-6900
팩스	02-392-6902
전자우편	damnb0401@naver.com
SNS	

ISBN 979-11-6363-323-5 (74400)

※ 책 가격은 뒤표지에 있습니다.
※ 잘못된 책은 구입한 곳에서 바꿔 드립니다.
※ 이 책에 실린 사진은 위키피디아, 셔터스톡에서 제공받았습니다.

도서출판 뭉치는 ㈜동아엠앤비의 어린이 출판 브랜드로, 아이들의 지식을 단단하게 만들어 주고, 아이들의 창의력과 사고력을 키워 주어 우리 자녀들이 융합형 창의 사고뭉치로 성장할 수 있도록 좋은 책을 만들겠습니다.

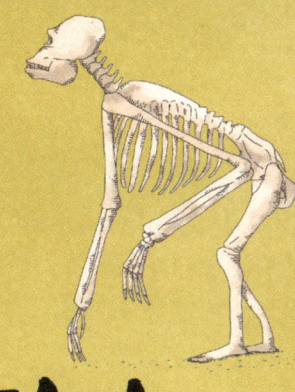

창조론이냐? 진화론이냐?

다윈이 들려주는 진짜진짜

진화론

글쓴이 **김승태** 그린이 **허라미**

미래의 인간은 어떻게 진화할까?

펴내는 글

생물의 진화는 어떻게 이루어질까?
인류의 조상은 도대체 무엇일까?

   선생님의 질문에 교실은 일순간 조용해지기 시작합니다. 인내심이 한계에 다다른 선생님께서 콕 집어 누군가의 이름을 부르는 순간 내가 걸리지 않았다는 안도감에 금세 평온을 되찾지요. 많은 사람 앞에서 어떻게 말을 해야 할까 고민 한번 해 보지 않은 사람은 없을 겁니다.
   사람들 앞에서 자신의 생각을 조리 있게 전달하는 기술은 국어 수업 시간에만 필요한 것이 아닙니다. 학교 교실뿐만 아니라 상급 학교 면접 자리 또는 성인이 된 후 회의에서도 자신의 의견을 분명히 표현할 수 있어야 합니다. 하지만 어디서부터 시작해야 할지 몰라 입을 떼는 일이 쉽지 않습니다. 혀끝에서 맴돌다 삼켜 버리는 일도 종종 있습니다. 얼떨결에 한마디 말을 하게 되더라도 뭔가 부족한 설명에 왠지 아쉬움이 들 때도 많습니다.
   논리적 사고 과정과 순발력까지 필요로 하는 토론장에서 자신만의 목소리를 내려면 풍부한 배경지식은 기본입니다. 게다가 고학년으로 올라가서 배우는 수업과 진학 시험에서의 논술은 교과서 속의 내용만을 요구하지 않습니다. 또한 상대의 의견을 받아들이거나 비판하기 위해서도 의견의 타당성과 높은 수준의 가치 판단을 해야 하는 경우가 많은데, 자신의 입장을 분명히 하기 위해선 풍부한 자료와 논거가 필요합니다.
   토론왕 시리즈는 사회에서 일어나는 다양한 사건과 시사 상식 그리고 해마다 반복

되는 화젯거리 등을 초등학교 수준에서 학습하고 자신의 말로 표현할 수 있도록 기획되었습니다. 체계적이고 널리 인정받은 여러 콘텐츠를 수집해 정리하였고, 전문 작가들이 학생들의 발달 상황에 맞게 스토리를 구성하였습니다. 개별적으로 만들어진 교과서에서는 접할 수 없는 구성으로 주제와 내용을 엮어 어린 독자들이 과학적 사고뿐만 아니라 문제 해결력, 비판적 사고력을 두루 경험할 수 있도록 하였습니다. 폭넓은 정보를 서로 연결 지어 설명함으로써 교과별로 조각나 있는 지식을 엮어 배경지식을 보다 탄탄하게 만들어 줍니다. 뿐만 아니라 국어를 기본으로 과학에서부터 역사, 지리, 사회, 예술에 이르기까지 상식과 사회에 대한 감각을 익히고 세상을 올바르게 바라보는 눈도 갖게 할 것입니다.

『창조론이냐? 진화론이냐? 다윈이 들려주는 진짜 진짜 진화론』은 먼 미래에서 온 진화학자 다윈을 만나는 시간입니다. 다윈과 영식이는 융단을 타고 과거로 돌아가 진화의 모습을 실제로 관찰하면서 진화의 역사를 체험하게 되었어요. 먼 과거에서 만나는 유인원들, 갖가지 동물들을 비롯해서 다윈이 들려주는 얘기에 솔깃할 수밖에 없을 거예요. 다윈에게 고맙다고 해야겠죠? 어린이 독자들이 이 책을 통해 그동안 막연하게 알고 있던 진화에 관하여 정확한 정보를 얻고 자신 있게 말하고 토론할 수 있다면 이 책의 가치는 충분히 발휘된 것입니다.

편집부

차례

펴내는 글 · 4
아~ 할아버지 · 8

1장 미래 인류 다윈과의 만남 · 11
미래의 진화학자 다윈
미래의 인간 모습

토론왕 되기! 진화로 인해 퇴화되는 기관이 있다면?

2장 최초의 생명체 탄생 · 33
생명체의 시작
진화의 흔적

토론왕 되기! 인류의 진화, 과학 기술이 이끌 수 있을까?

3장 인간 진화의 근원 · 51
인간의 조상은?
살아남는 방법

토론왕 되기! 최초 인류는 모두 '흑인'?

뭉치 토론 만화
진화 그것을 알려 다오 · 73

4장 진화 과정의 흔적을 찾아라 · 81

갈라파고스 섬에서 만난 진화의 증거
진화의 흔적이 남아 있는 동물들

토론왕 되기! 포노 사피엔스도 진화의 결과물

5장 진화의 모든 이야기 · 97

다른 관점으로 진화 바라보기
진화의 방향
뇌의 진화
진화론자의 이야기
편협된 진화

토론왕 되기! 진화에는 시간이 얼마나 걸릴까?

어려운 용어를 파헤치자! · 133
진화론 관련 사이트 · 136
신나는 토론을 위한 맞춤 가이드 · 137

미래의 진화학자 다윈

영식이는 오늘도 자신의 책상에서 과학책을 읽다가 침을 흘리며 잠이 들었습니다.

"똑똑똑."

누군가 창문을 두드리는 것 같았습니다.

영식이는 잠을 깼습니다. 그러고는 깜짝 놀랐습니다. 창문 밖에서 누군가가 자신의 방을 들여다보고 있는 것이 아니겠어요?

"누구세요? 아버지는 집에 안 계세요. 출장 가셨거든요."

"너 영식이라는 학생 맞지?"

"네, 그런데 저를 어떻게 아세요?"

"하하하, 맞구나. 네가 영식이구나. 나는 미래에서 온 다윈이라는 미래학자야."

"다윈이라면 진화론을 연구한 학자 아닌가요?"

"아, 그분은 나의 조상인 다윈이시고 나는 그분의 후손인 다윈이야. 같은 이름이지만 나도 미래에서 인류의 진화를 연구하는 학자란다. 너 역시 자라서 인류학자가 될 운명이고."

"예? 제가 인류학자가 된다고요?"

"그래, 하지만 미래는 다양한 가능성이 존재하니까 네 노력에 따라 얼마든지 바뀔 수 있단다."

"가능성이요? 아, 다윈 박사님. 창밖에서 빼꼼이 들여다보지 마시고

1장 미래 인류 다윈과의 만남

안으로 들어오세요. 집엔 저 혼자뿐이에요."

영식이는 방으로 들어온 다윈을 보고 깜짝 놀랐습니다.

"왜 이렇게 키가 크시나요. 미래의 인류는 이렇게 키가 크도록 진화되나요?"

"아까도 말했지만 미래는 얼마든지 바뀔 수 있단다. 내가 사는 미래의 인류는 지구가 따뜻해지므로 열을 내보내기 위한 몸으로 변하게 되지. 열을 내보내야 하므로 뚱뚱하면 살아남기 힘들어. 그래서 모두 나처럼 크고 비쩍 마르게 된 거란다."

영식이는 다윈의 말을 듣고 보니 그럴 수도 있다는 생각이 들었습니다. 그런데 다윈의 뒤통수를 본 영식이는 깜짝 놀랐습니다. 다윈의 뒤통수는 사람의 뒤통수가 아니었습니다. 마치 컴퓨터 뒷모습 같았습니다.

"다윈 아저씨, 뒷머리가 이상해요. 뒤통수에 웬 철판들이 붙어 있나요. 투구를 쓰고 다니시는 건가요?"

"하하하, 투구라……. 내가 사는 미래의 인류는 그냥 생물이 아니다. 기계랑 섞여 있기도 해. 인간과 기계의 혼합이지. 특히 두뇌에는 컴퓨터가 달려 있단다."

뇌에 컴퓨터가 달려 있어서 좋기는 하겠지만 영식이에게는 왠지 불편하고 어색해 보였습니다.

"불편하지 않으세요?"

다윈 박사의 진화+

뇌에 심는 컴퓨터 칩

영화나 만화에서 주인공이 생각만 하면 물건이 움직이고 컴퓨터가 척척 일을 해 주는 장면을 본 적이 있나요? 상상 속에서나 가능한 일이 미래에는 현실이 될지 몰라요. 이렇게 뇌에 넣은 전자 칩으로 컴퓨터나 기계를 조작하는 기술을 BMI(Brain Machine Interface)라고 불러요. 지금 이 순간에도 신체가 부자유스러운 사람들을 위한 BMI 기술은 나날이 발전하고 있어요.

미국, 프랑스, 스위스 공동 연구진은 척수를 다쳐 하반신이 마비된 원숭이의 뇌와 척수에 센서와 전기 자극 장비를 심어 로봇 다리나 보조기 없이 직접 걷게 하는 실험에 성공했어요. 손발을 못 쓰는 환자가 생각만으로 로봇 팔을 움직여 음료수를 마시거나 청각, 촉각 등 감각이 마비된 환자가 사물을 감지하는데 성공한 실험 사례들도 속속 보고되고 있지요.

영화 「아이언맨」의 주인공 토니 스타크의 실제 모델로도 유명한 사업가 일론 머스크는 2020년 8월에 뇌에 컴퓨터 칩을 이식한 돼지를 공개했어요. 이 칩은 뇌파 신호를 외부 기기로 보낼 수 있고 한 번 충전하면 종일 쓸 수 있으며 무선 충전까지 돼요. 미래학자 이언 피어슨은 인간이 궁극적으로 불멸의 존재가

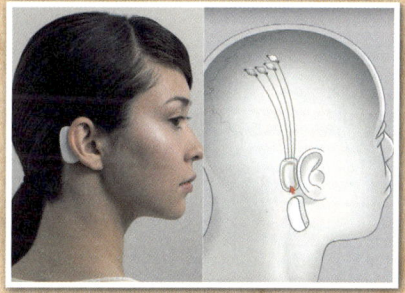

일론 머스크가 고안한 뇌에 심는 컴퓨터 칩
(자료: 뉴럴링크)

될 것이라고 주장했어요. 육체로 이용될 로봇에 뇌만 연결하면 죽지 않고 영원히 살아갈 수 있다는 것이죠.

만약 과학이 더욱 발전해서 이러한 기술들이 널리 퍼진다면 인간은 새로운 진화의 단계를 맞이하게 되지 않을까요?

"이건 귀에 귀고리를 착용하는 것과 다를 게 없어. 처음엔 어색해도 나중에는 아주 자연스러워. 단, 부자들은 엄청나게 성능이 좋은 컴퓨터를 뇌에 장착하기도 해. 성능이 더 좋은 컴퓨터를 마련하는 데 돈을 아끼지 않는단다. 또 하나의 즐거움이지. 너희 아빠가 신형 자동차를 탐내는 것처럼 말이야."

영식이는 먼 미래에는 충분히 가능한 일일 수도 있겠다고 생각하면서 고개를 끄덕였습니다.

그때 영식이가 끼고 있는 안경을 보며 다윈이 말했습니다.

"음, 어린 나이에 안경을 끼고 있으니 참 딱하구나. 시대를 잘못 태어났어. 내가 사는 미래의 인류는 시력이 아주 좋아서 안경을 쓸 필요가 없거든."

"그래요? 왜 그런 거죠?"

"미래에는 지구 환경이 바뀌어서 지금보다 먼 우주의 별들을 보게 돼. 그러기 위해서 인간의 시력은 다시 좋아지는 쪽으로 진화하는 거지. 원시인들은 먼 초원의 끝을 볼 수 있을 정도로 눈이 더 좋았거든."

"그런데 다윈 아저씨의 눈 색깔이……."

"너무 놀라지 마라. 가시광선 때문에 인류의 눈은 붉게 변하게 된단다. 토끼처럼 말이지."

영식이가 본 다윈의 눈은 붉었지만 커서 아주 예뻤습니다. 하지만 상대적으로 작은 입을 보면 좀 우스워 보이기도 했습니다.

"지금 내 입을 봤지?"

"네, 눈에 비해 입이 너무 작지 않아요?"

"맞아, 우리 미래 인류들은 너희들처럼 피자도 못 먹고 치킨도 못 먹고 갈비도 뜯질 않아. 먹는 즐거움이 없어. 모든 영양소가 함유된 알약만 먹어 대니까 이렇게 입이 작게 퇴화되었단다."

"미래의 인류라고 해서 다 좋은 것은 아니네요. 피자랑 치킨을 먹지 않는 미래의 인간은 너무 불쌍할 것 같아요."

다윈의 턱을 보며 뭔가를 이해한 듯 영식이가 말했습니다.

"아, 음식을 씹지 않아서 턱이 작아진 것이군요."

그런데 다윈의 손등을 보니 영식이의 손등보다 훨씬 까맸습니다. 영식이도 친구들보다 피부가 까만 편이었는데, 다윈에 비하면 영식이는 새하얗게 보이기까지 했습니다.

"다윈 아저씨, 아저씨의 피부만 까만 건가요? 아니면 미래 인간의 피부는 모두 까만가요?"

"음, 미래의 인간들은 모두 까맣게 변한단다. 지구 온난화와 방사선의 영향이지."

"우와, 그럼 다윈 아저씨의 미래 기준으로 제 피부는 한 발 앞서 진화한 건가요? 저도 까맣잖아요. 하하하."

문득 다윈의 시선이 영식이의 방에 있는 농구공으로 갔습니다.

"너 농구 좋아하니?"

"네, 물론이죠. 제 취미가 농구인 걸요."

"좋아, 그럼 나랑 농구 한판 하러 가자. 너희 집 마당에 간이 농구대가 있더구나."

미래의 인간 모습

미래의 인간은 키가 거의 2m 이상이 될 거라고 했습니다. 지금 인간들의 키가 점점 크게 진화하고 있는 상태거든요.

영식이와 다윈의 농구 시합이 벌어졌습니다. 영식이가 먼저 공격을 하기로 했습니다. 그런데 이게 뭔가요? 다윈의 팔이 네 개가 되었습니다. 두 개는 인공 팔입니다. 미래 인간은 기계와 같이 몸을 이루게 될 것이라는 다윈의 말 그대로였습니다.

영식이는 2m가 넘는 큰 키에 팔도 두 개나 더 많은 다윈을 상대로 이길 수 있을지 의문이 들었습니다.

다윈의 드리블 속도가 엄청 빠릅니다. 이것은 또 어떠한 현상일까요? 다윈이 사는 미래의 인간은 유전자 공학의 발달로 동물들의 훌륭한

점을 인간의 몸 유전자에 투입하여 몸의 변형 조작을 이룰 수 있다고 합니다. 다원의 다리 근육에는 캥거루의 근육 단백질이 포함되어 있었습니다. 거기에다가 엄청난 탄력을 지닌 하체를 지니고 있었습니다.

다원의 말에 따르면 미래의 인간은 필요에 따라 인간과 동물의 융합이 이루어지는 신체를 가지게 될 것이라고 했습니다. 그런 경우 어떤 상황이 이루어질까요?

다원이 영식이에게 물어보았습니다.

"인간과 동물과의 융합은 어떤 분야에서 일어날 것 같니?"

"모르겠어요."

"스포츠계에서 그런 일들이 있어나고 있단다. 가령 100m 달리기에서 인간의 한계는 9초 정도이지. 하지만 인간과 동물이 융합되면 6초대에 100m를 달릴 수 있게 된단다."

"예? 100m를 6초에 달린다고요?"

"치타의 하체를 융합한 육상 선수라면 6초에 뛰는 것은 결코 무리가 아니지. 장애물 경주라면 말과 융합할 수도 있고. 동물과 융합했을 때 능력을 훨씬 발휘할 수 있는 스포츠로는 무엇이 있을까?"

영식이가 생각하다가 말했습니다.

"고릴라와 융합된 복싱 선수라면 엄청난 주먹 힘을 발휘할 것 같아요."

"그렇겠구나. 그럼 물고기와 융합된 경기는 뭐가 있을까?"

"그건 바로 짐작할 수 있어요. 수영이에요."

"빙고."

"원숭이랑 융합된 체조 선수도 있겠네요."

"오, 그것도 훌륭한 융합이다. 그럼 멀리뛰기 선수는 어떤 동물과 융합될 것 같니?"

"캥거루요."

"하하하, 캥거루가 아니라 벼룩의 뒷다리를 융합하게 될 거다. 왜냐하면 몸집에 비례했을 때 벼룩의 탄력성이 훨씬 뛰어나거든."

미래 인류의 신체 구조

우주 시대는 인간을 지금까지와는 전혀 다른 진화의 경로로 이끌 수 있어요. 미국의 한 그래픽 디자이너가 유전과학 전문가의 도움을 받아 제작한 미래의 인간 얼굴을 보면, 우주 시대의 인간은 지금보다 이마가 훨씬 넓고, 눈은 훨씬 커요.

영화에서 흔히 보는 외계인의 얼굴 특징을 닮은 듯하지 않나요? 이마가 넓은 이유는 문명 고도화에 따라 뇌가 더 커질 가능성을 염두에 둔 것이고, 눈이 큰 이유는 지구보다 빛이 희미한 우주 식민지에 적응한 결과예요. 또 몸에 해로운 우주 방사선의 영향력을 줄이기 위해 피부는 까무잡잡해져요. 강한 햇볕에 노출되어 사는 아프리카인의 피부가 검은 것과 비슷하죠. 무중력이나 저중력 상태에서 눈을 보호하기 위해 눈꺼풀은 두꺼워지고 눈썹은 진해집니다.

우주 시대에는 빛을 더욱 효율적으로 흡수하기 위해 눈동자는 기괴하리만큼 커져 눈 뒤쪽 반사판으로부터 눈빛이 나와요. 한편, 미래의 인간은 키가 무척 클 것입니다. 인간의 키는 정도의 차이는 있을지언정 지구 중력이 끌어내리는 힘을 더 이상 못 이겨낼 정도의 높이까지는 커지지 않을까 생각돼요.

10만 년 후 인간의 얼굴 상상도 ⓒNICKOLAY LAMM

"벼룩은 의외네요."

"하지만 이건 미래의 일이라 확실히 정해진 것은 아니지. 얼마든지 응용이 가능하단다."

다윈이 영식이에게 귀가 솔깃할 만한 얘기를 해 주었습니다.

"영식아, 너 시험 기간마다 아주 힘들지?"

"당연하죠. 시험이 안 힘든 사람이 있나요?"

벼룩의 높이뛰기 능력

지구상에서 점프력이 가장 뛰어난 동물은 아프리카에서 암석 사이의 나뭇잎이나 풀을 뜯어 먹고 사는 바위타기영양이라고 합니다. 제자리에서 높이 8m 정도를 뛰어넘는 것으로 알려져 있어요. 그러나 자기 몸의 크기에 비례한 점프 능력으로는 벼룩을 이길 수가 없어요. 몸길이가 약 1m 정도인 바위타기영양의 경우 자기 몸길이의 약 8배를 뛰는 셈이지만, 약 3mm밖에 되지 않는 벼룩은 자기 몸길이의 100배나 되는 높이를 뛸 수 있기 때문이거든요.

2008년 이그노벨상을 받은 프랑스 연구 팀의 관측 결과에 의하면 개벼룩은 평균 30cm, 고양이벼룩은 약 20cm를 뛰는 것으로 밝혀졌어요. 이처럼 높이뛰기에서 압도적인 능력을 지니고 있는 벼룩의 놀라운 능력은 인간에게는 그리 반갑지 않아요. 벼룩은 인간을 포함한 포유류나 조류의 피를 빨아 먹고 여러 가지 병균을 옮기기 때문이에요. 중세 유럽 인구의 1/3을 몰살시킨 페스트도 쥐벼룩이 옮긴 병균 때문이었음을 잊지 마세요.

"한 가지 재미있는 사실을 말해 줄까?"

"뭔데요?"

"내가 사는 시대의 학생들은 더 이상 힘들게 공부하지 않는단다."

"어, 진짜요? 그게 가능한 일인가요?"

"미래에는 필요할 때 메인 인공 지능에서 자신의 뇌에 자료를 다운받으면 모든 학습이 해결될 수 있단다. 힘들게 쓰고 외우고 할 필요가 없어. 인간의 뇌와 인공지능의 협력이 이루어지게 되어 있거든."

부모님으로부터 매일같이 듣는 공부하라는 말이 제일 싫었던 영식이는 미래 세계가 너무 부러웠습니다. 굳이 책을 읽지 않아도 뇌에 자료를 다운받을 수 있다니, 지금 당장이라도 그런 세상에서 살고 싶었습니다.

"우와, 당장 미래로 가서 살고 싶어요."

"영식아. 내가 여기에 온 목적은 너를 미래로 데려가기 위해서가 아니야, 너에게 인간의 진화에 대해 공부시키라는 메인 인공 지능 컴퓨터의 명령을 받고 온 거란다."

"쳇, 그게 뭐에요. 미래에는 공부를 하지 않아도 된다면서요."

"맞아, 미래에는 굳이 열심히 공부하지 않아도 되지. 하지만 영식아, 너는 미래의 인간이 아니잖아."

"불공평해요."

"그럼, 나 돌아갈까? 네가 진화론에 관심을 가지고 있다는 텔레파시

가 수천만 년 떨어진 우주에 전해지면서 인공 지능 슈퍼컴퓨터가 너를 도와주라고 날 보냈는데, 싫다면 돌아가지 뭐."

"아니, 아니에요. 할 수 없죠. 그래도 제가 좋아하는 진화론에 대해 알려 준다면야……. 감사합니다."

"그럼 나하고 이제부터 인류의 진화 과정에 대한 여행을 함께 떠나 볼래?"

"좋아요. 다윈 아저씨."

"좋았어. 그럼 내 배꼽에 너의 손가락을 꼽아라."

"예? 배꼽에 손가락을요?"

"하하하, 농담이다. 나의 손을 잡아."

쑤웅하고 두 사람은 어디론가 날아갔습니다.

새로운 인류
미래의 인간 진화 모습은?

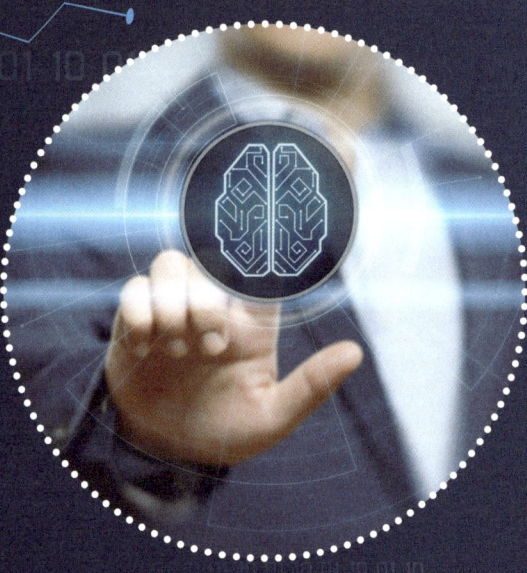

더 나은 인간으로 진화
자연 선택에 의한 인류의 생물학적 진화는 끝났다고 여겨지지만 인간은 과학 기술을 통해 새로운 인류로 진화 중입니다.

정신의 정보화
디지털 저장 장치들이 뇌를 대신해 줌으로써 인간의 기억력을 보완하는 차원을 넘어 기억에서 벗어나거나 미처 기억하지 못한 정보들까지 보존해 주고 있습니다.

POST-HUMAN

진화된 인공 지능
이세돌과 알파고의 바둑 대결은 인공 지능의 미래를 얕잡아 보았던 사람들에게 지능형 인공 지능의 놀라움을 일깨워 준 계기가 되었습니다.

완전히 새로운 인간
2035년까지는 인간이 자신의 뇌를 로봇에 '업로드'시킬 수 있고 2045년이면 인간이 자신의 선택에 따라 뇌는 유지한 채 홀로그램 상태의 몸을 갖게 된다고 합니다. 이른바 새로운 종으로 진화하는 것이죠.

진화로 인해 퇴화되는 기관이 있다면?

동물의 기관 중에서 퇴화하여 원래의 기능을 상실하고 흔적만 남아 있는 기관을 '흔적 기관'이라고 해요. 예를 들어 바다에서 사는 고래류는 발이나 다리가 없지만, 고래의 지느러미와 몸속에는 다리뼈의 흔적이 남아 있어요. 이는 고래의 조상이 오랜 옛날에는 육지에서 살았던 동물임을 의미해요.

뱀 역시 고래처럼 다리의 흔적이 있고, 캄캄한 동굴에 사는 동물이나 심해에 사는 물고기 등은 눈이 퇴화하여 거의 흔적만 남아 있어요. 따라서 많은 동물이 지금은 기능을 거의 상실한 흔적 기관을 지니고 있다는 것은 진화론의 유력한 증거가 돼요.

사람의 몸에도 여러 흔적 기관이 남아 있어요. 토끼나 개 등은 귀를 쫑긋 세우기도 하고 귓바퀴를 움직여서 방향을 바꿀 수도 있지만, 사람은 극히 일부 사람만이 귓바퀴를 약간 움직일 수 있을 정도예요. 사람의 귀에도 근육이 여러 개 남아 있기는 하지만, 귀를 움직이는 기능은 크게 퇴화한 셈이죠. 꼬리뼈 역시 마찬가지예요. 사람뿐만 아니라 사람과 가장 비슷한 유인원류, 즉 침팬지, 오랑우탄, 고릴라 등도 다른 원숭이 무리와 달리 꼬리가 없어요. 꼬리가 있는 다른 동물들은 꼬리를 매우 유용하게 사용해요. 소처럼 꼬리를 움직여서 파리를 쫓기도 하고, 몸의 균형을 잡는 데에 꼬리를 이용하기도 하죠.

사람과 유인원은 비록 외형적으로는 몸 밖으로 돌출된 꼬리가 없지만, 이들의 몸속에는 옛 꼬리의 흔적인 꼬리뼈가 척추의 끝부분에 붙어 있는 형태로 남아 있어요. 태아의 시기에는 열 개에 가까운 꼬리뼈가 나타나기도 하지만, 성장하면서 점차 사라지고 일부만이 결합한 형태로 꼬리뼈를 형성해요. 과학자들은 인간이 두

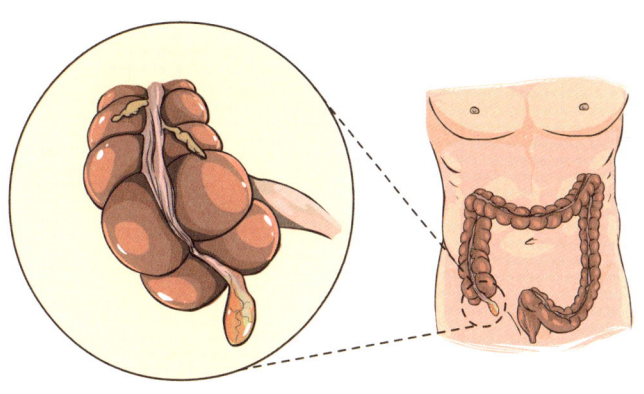

발로 걷게 되면서 꼬리의 필요성이 없어져 퇴화한 것으로 추정하고 있습니다.

인체의 또 다른 흔적 기관으로는 맹장의 충수가 있어요. 맹장은 작은창자의 끝부분에서 큰창자로 옮겨 가는 부위로 우리말로는 막창자라고 하는데, 파충류 이상의 고등 동물에 존재하는 장기랍니다.

일반적으로 맹장과 여기에 붙어 있는 충수를 구분하지 않고 같은 의미로 사용하지만, 사실 이 둘은 구분이 되는 장기예요.

사람들이 흔히 맹장이라고 말하는 맹장의 충수, 즉 막창자 꼬리는 맹장의 아래쪽 끝에 붙어 있는 길이 6~7㎝ 정도의 작고 가느다란 벌레 모양의 관으로서 사람과 유인원, 설치류 등에게만 있어요. 사람의 조상이 초식 동물이던 시절에 발달했던 맹장의 충수가 퇴화하면서 주름처럼 쭈그러들어 지금은 흔적 기관으로 남아 있는 것이에요.

과학의 발달과 환경의 변화로 인해 사용할 곳이 없어져 미래에 퇴화될 기관이 있다면 어떤 부분일까요? 또 그 이유는 무엇일지 각자의 생각을 나누어 봅시다.

그림 그리기

미래에 인간과 다른 것을 융합한다면 어떤 것이 가능할지 자신의 생각을 주어진 예처럼 그려 보세요.

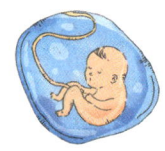

🧩 생명체의 시작

다원과 영식이가 멈춘 곳은 46억 년 전, 뜨거운 불덩어리였던 지구의 하늘 위였습니다.

"영식아, 좀 있다가 내려야겠어. 지금 내렸다가는 통닭구이가 되겠다."

통닭구이라고 하니, 영식이는 맛있는 양념치킨을 생각했을지 모르지만, 사실 통닭구이는커녕 불덩어리에 그대로 녹아 버릴 거예요.

잠시 후, 수많은 소행성들과 운석들이 부딪치면서 얼음과 다양한 광물질들이 지구로 흘러 들어갔습니다. 그러면서 원시 바다도 만들어지기 시작했습니다.

잠시 후, 영식이와 다윈은 어느 한 바닷가 가장자리에 무사히 착륙했어요.

잠깐 사이에 20억 년이 넘게 흘러 현재는 25억 년 전이 되었습니다. 대륙이 만들어지고 있었고 바닷속에는 생명체도 생겨나고 공기 같은 산소도 대량으로 만들어지고 있었습니다.

"후아, 이제 좀 숨쉬기가 편한 것 같아요."

영식이가 코를 벌렁거렸습니다.

최초의 단세포 생물은 원시 바다가 만들어질 때 즈음에 나타났습니다. 해안가에서 녹조류 같은 원시 미생물들이 햇빛을 먹으며 또 다른 물질들을 만들어 내고 있었습니다.

생명체는 왜 산소가 필요하나요?

생물에게 물은 중요합니다. 산소도 마찬가지예요. 인간은 물 없이도 일주일 동안 생존할 수 있어요. 그런데 산소는 달라요. 만일 5분 동안 산소가 공급되지 않으면 뇌사 상태에 빠지고 8분 동안 산소가 공급되지 않으면 죽어요. 생명체는 호흡을 통해 세포로 산소를 공급하고 세포는 유기물 분자를 분해하면서 얻은 에너지를 몸 구석구석으로 보낸답니다. 만일 산소가 부족해지면 에너지가 부족해지고 세포가 활동을 하지 못해 죽음에 이르게 되는 것이죠.

식물 같은 것들이 광합성 과정에서 만들어 내는 산소가 또 다른 생명체들이 생기는 역할을 했고 이들 원시 생명체들은 현재까지 35억 년간이나 지구에 살게 됩니다. 가장 오래된 생명체 중 하나로 시아노박테리아가 있습니다. 이 시아노박테리아의 활동에 의해 형성된 것이 스트로마톨라이트라는 암석입니다.

"영식아, 지구가 생기면서 바로 인간이 만들어진 것은 아니란다."

"그래요?"

"생명을 만들어 낼 수 있는 작은 물질들끼리 모이고 모여서 생명체가 탄생하게 돼. 아주 오랜 세월에 걸쳐서 말이야."

"아무것도 없는 지구에서 그게 가능한가요?"

"그럼. 어떤 생명체를 만들 수 있는 기본 물질을 유기체라고 부르는데, 밀러라는 과학자가 어떠한 조건에서 유기체가 만들어지는지 실험을 한 적이 있단다. 그게 가능하다면 아무것도 없던 지구에서 생명체가 만들어졌다는 이론이 맞게 되는 거란다. 우리도 한번 해 볼까?"

"우와, 그 실험 너무 해 보고 싶어요. 생명체의 시작 실험이라……."

"하하하, 나같이 미래에서 온 사람에게 그건 아주 간단한 실험에 불과해."

다윈은 작은 지구라는 것을 만들었습니다. 아직 생명체는 없는 상태입니다. 작은 지구에는 바다와 공기, 비가 내리고 번개가 있어야 합니다.

밀러의 실험

밀러 실험은 대학원생이었던 스탠리 밀러가 몇 가지 기구와 장치, 메테인(메탄)과 암모니아 같은 기체를 이용해서 초기 지구의 조건을 만들고 반응물을 분석하여 생체 분자인 아미노산이 다수 만들어졌다는 것을 확인한 실험입니다.

아래쪽 플라스크에 담긴 물은 원시 바다를 재현한 것입니다. 수증기가 증발하여 메테인과 암모니아, 수소가 들어 있는 플라스크로 이동합니다. 전기 스파크를 일으켜 만들어진 화합물은 수증기와 함께 냉각 장치에서 물방울이 됩니다. 밀러는 이 과정을 일주일 간 계속해서 얻은 유기물을 분석하고 단백질을 이루는 구성 성분인 아미노산을 여럿 발견했습니다.

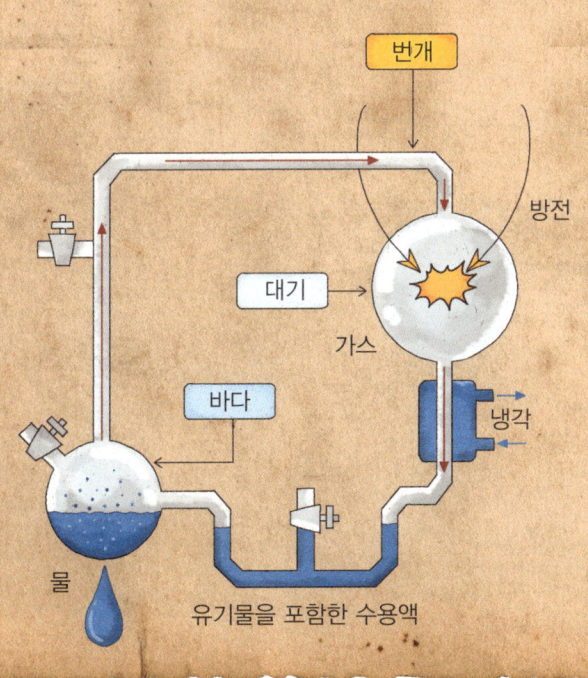

실험 도구로 큰 플라스크와 작은 플라스크를 준비했습니다. 다윈은 과학자가 했던 것처럼 큰 플라스크에 메테인, 암모니아 그리고 수소와 수증기를 넣었습니다.

"이 상태가 바로 초기의 지구 상태라고 볼 수 있지."

영식은 침을 꼴깍거리며 다윈이 하는 것을 지켜봤습니다.

다윈은 작은 플라스크에 물을 넣은 후, 가열하여 수증기를 만들었습니다.

"여기 넣은 물이 바다다. 수증기는 비니까 이제 번개만 만들면 돼."

다윈은 큰 플라스크 안에 6만V의 전기 충격을 주었습니다. 번개였습니다. 시간을 빨리 돌리며 계속 자극을 주었더니 물의 색깔이 변하기 시작하면서 아미노산이 생기기 시작했습니다.

다윈이 말했습니다.

"아미노산은 생물에게 절대 없어서는 안 될 물질이다. 이 물질이 생기면서 생명체들이 만들어질 수 있는 계기가 되었지."

"그럼 생명체 탄생은 바다에서 이루어진 것이네요."

"그래. 생명체는 바다에서 탄생했지."

"그게 확실하다는 이유가 있나요?"

"오, 멋진 질문이다. 그런 의문이 바로 과학을 하는 자세야. 너, 혹시 양수라는 것 들어 봤니?"

"제가 초등학생이지만 양수, 음수 정도는 알아요."

다윈이 황당해했습니다.

"그런 수로서의 양수 말고 엄마 뱃속에서 태아를 보호하는 물 있잖아. 양수."

"아, 그거요? 하하하 알아요."

"양수의 성분과 바닷물의 성분이 거의 같다는 것을 보면 인류의 시작은 바다에서 진화된 증거라고 할 수 있지."

그러면서 다윈은 이런 것들을 진화의 흔적이라고 부른다고 말합니다.

"진화의 흔적들이라고요?"

"그럼. 모든 사건은 흔적을 남기지."

 진화의 흔적

"와, 무슨 탐정 추리 소설 같아요."

"좋아, 그럼 우리 추리 한 번 해 볼까?"

다윈은 영식이를 훑어보더니 영식이가 입고 있는 청바지의 무릎에 꿰맨 자국을 가리켰습니다.

"아, 이거요? 아이들과 놀다가 찢어졌어요. 엄마한테 혼이 나고 새로운 천을 대고 기운 거예요."

"그래, 그것 역시 하나의 진화의 흔적이라고 볼 수 있어. 처음 샀을 때의 청바지가 아니거든. 하지만 여전히 입고 있잖아."

"잘 이해가 안 돼요."

"그럼 이런 이야기는 어떨까? 네 방에 보면 못 자국들이 있지?"

"네, 다들 방에 한두 개씩은 있을걸요."

"그것도 진화의 흔적이라고 생각할 수 있어. 옛날에는 그곳에 못을 박아 뭔가의 용도로 쓰다가 지금은 필요가 없어 빼내었을 거야. 그게 바로 네 방의 진화라고 할 수 있어. 처음에는 쓰이다가 나중에는 자국만 남은 상태를 진화에서는 흔적 기관이라고 하지. 인간의 몸에도 그런 흔적 기관들이 있단다."

"예에? 우리 몸에도 진화의 흔적이 있다고요?"

"당연하지. 우리 몸은 지금도 진화하고 있거든."

다윈이 말을 마치기가 무섭게 영식이에게 똥침을 놓았습니다.

"아야, 왜 그러세요."

"너의 꼬리뼈를 확인한 거다. 하하하."

"저한테 꼬리가 어디 있다고 그러세요?"

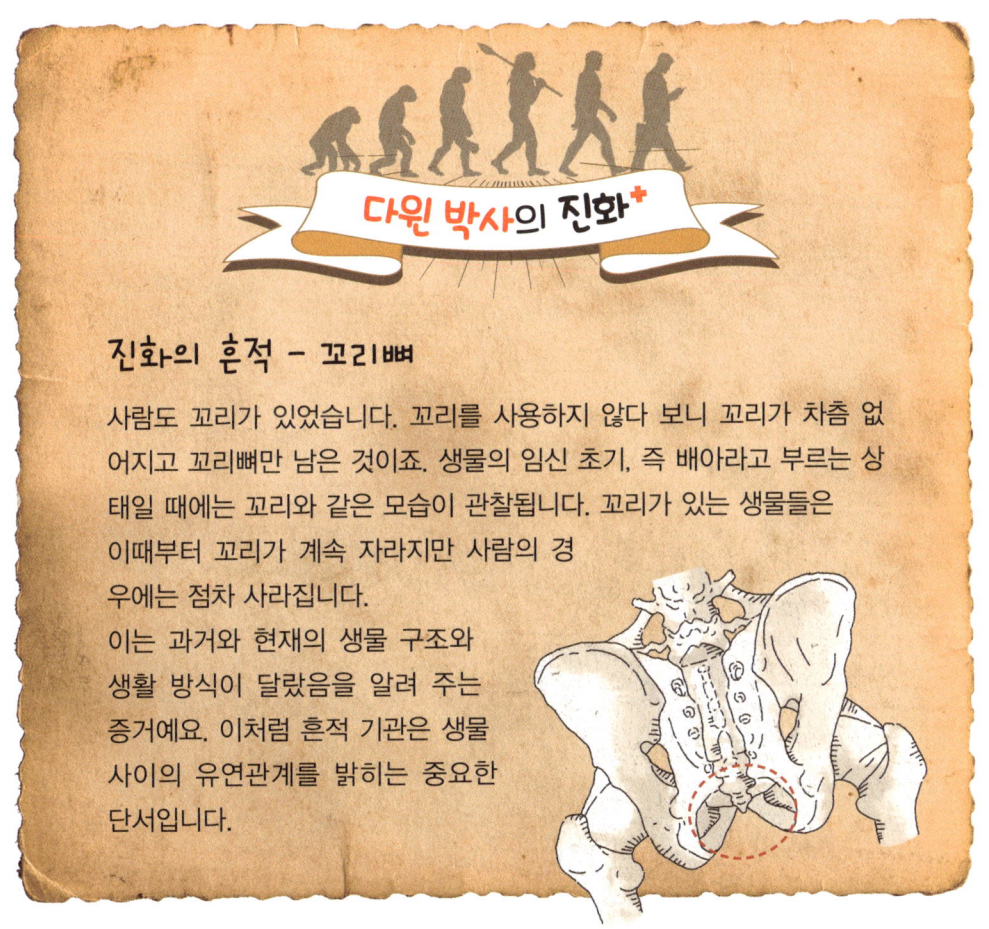

다윈 박사의 진화+

진화의 흔적 - 꼬리뼈

사람도 꼬리가 있었습니다. 꼬리를 사용하지 않다 보니 꼬리가 차츰 없어지고 꼬리뼈만 남은 것이죠. 생물의 임신 초기, 즉 배아라고 부르는 상태일 때에는 꼬리와 같은 모습이 관찰됩니다. 꼬리가 있는 생물들은 이때부터 꼬리가 계속 자라지만 사람의 경우에는 점차 사라집니다.

이는 과거와 현재의 생물 구조와 생활 방식이 달랐음을 알려 주는 증거예요. 이처럼 흔적 기관은 생물 사이의 유연관계를 밝히는 중요한 단서입니다.

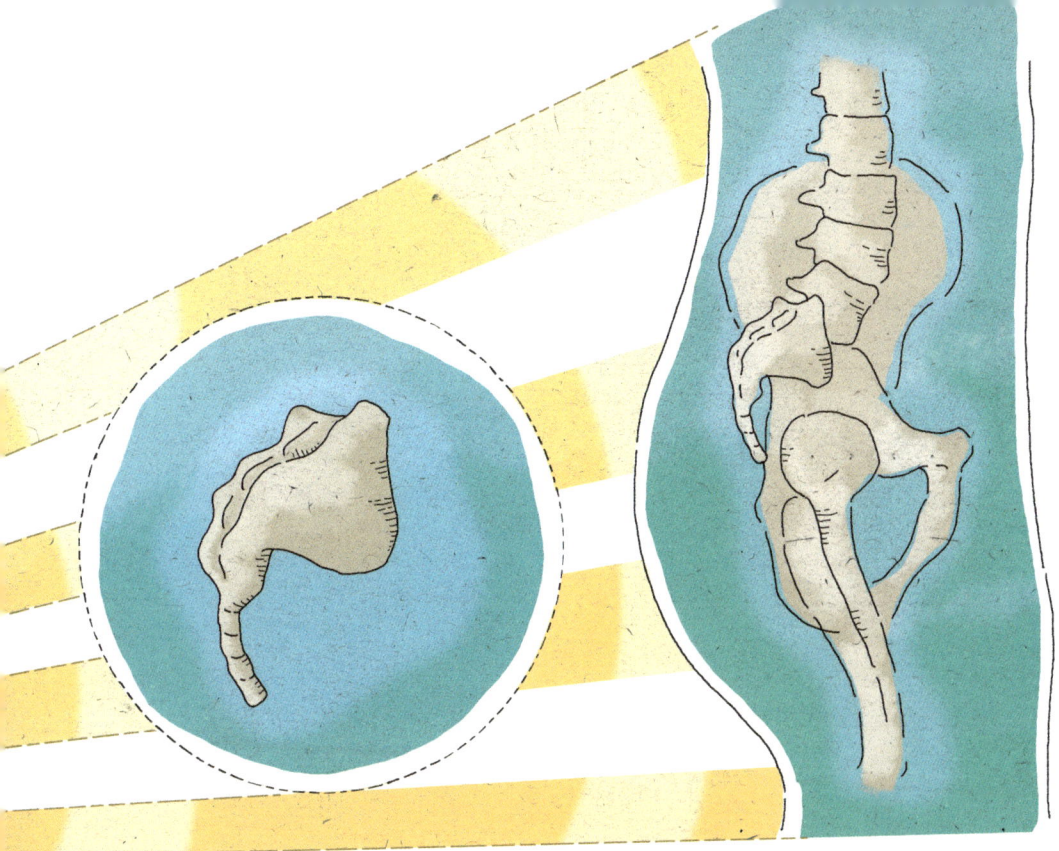

"물론, 지금 너는 꼬리가 없지. 하지만 너의 할아버지의 할아버지의 할아버지를 수만 번 거슬러 올라가 보면 그 할아버지는 꼬리를 가지고 있었어."

"말도 안 돼요."

"자, 그럼 내가 이것을 이용해서 너의 꼬리뼈를 보여 주마."

다윈은 미래에서 가져온 간이 엑스레이 총을 영식의 엉덩이에 겨누고 쏘았습니다. 그러자 놀랍게도 영식의 엉덩이뼈가 3차원 입체 영상으로 표시되기 시작했습니다.

"여기가 바로 너의 꼬리뼈가 있었던 흔적이지. 모든 인간은 이런 흔적 기관을 가지고 있단다. 우리 인류의 조상에게 꼬리가 있었다는 사실을 보여 주는 것이야."

영식이는 자신의 꼬리가 있었던 흔적 기관을 보고 놀랐는지 갑자기 딸꾹질을 했습니다.

"딸꾹."

"오, 마침 또 다른 어류 진화의 흔적을 네가 보여 주고 있구나."

"그게 무슨 말씀이세요? 딸꾹."

"인간이 딸꾹질을 하는 것은 아가미에서 폐로 진화하는 과정에서 발생한 오류 현상이란다."

딸꾹질은 호흡을 통제하는 뇌간과 호흡기가 멀리 떨어져 있어 신경 전달에 탈이 나기 때문에 일어나는 것입니다. 진화의 부작용인 셈이죠. 다윈은 진화란 항상 좋은 쪽으로만 이어져 나가는 것이 아니라고 영식이에게 가르쳐 주었습니다.

이런 부작용은 또 있습니다. 인간은 두 발로 걷기 시작하면서 손을 자유롭게 쓸 수 있게 되었고, 많은 창작물을 만들어 냈습니다. 하지만 두 발로 걷거나 앉아 있는 시간이 많아지자 심장보다 아래쪽에 있는 항문이 압력을 크게 받게 되어 치질이라는 병이 생겼습니다.

"그럼, 원숭이는 치질이 없나요?"

"응, 네 발로 걷는 동물은 인간과 비교해 보면 거의 치질에 걸리지 않아. 또한 인간은 두 발로 걷기 위해 좁아진 골반 때문에 어머니가 아이를 낳을 때 고통이 심하단다."

영식이는 원숭이가 부럽다고 생각했습니다. 그러다가 마침 무슨 생각이 났는지 다윈에게 물어봤습니다.

"아까 할아버지의 할아버지의 할아버지를 말씀하셨는데 정말로 우리의 조상이 원숭이인가요?"

"인간의 조상이 원숭이라?"

다윈은 뭔가를 곰곰이 생각하더니 페르시안 융단을 깔았습니다.

"영식아, 이 융단 위에 올라타라. 우리의 조상이 진짜 원숭이인지 아닌지 직접 확인하러 가자."

영식이는 냉큼 융단 위에 올라탔습니다. 융단 위에는 바나나가 있었습니다.

"이거 먹어도 돼요?"

"물론이지. 제법 오랜 시간을 날아가야 하니까 배가 고플 거다. 원숭이처럼 바나나 까먹으면서 가자."

인간 진화의 열쇠인 직립 보행

직립 보행
두 발로 걸을 때 호흡과 동조하지 않고 자유로움

두 발로 걸음으로써 약 500만 년에 걸쳐 뇌의 크기를 팽창시켰다.

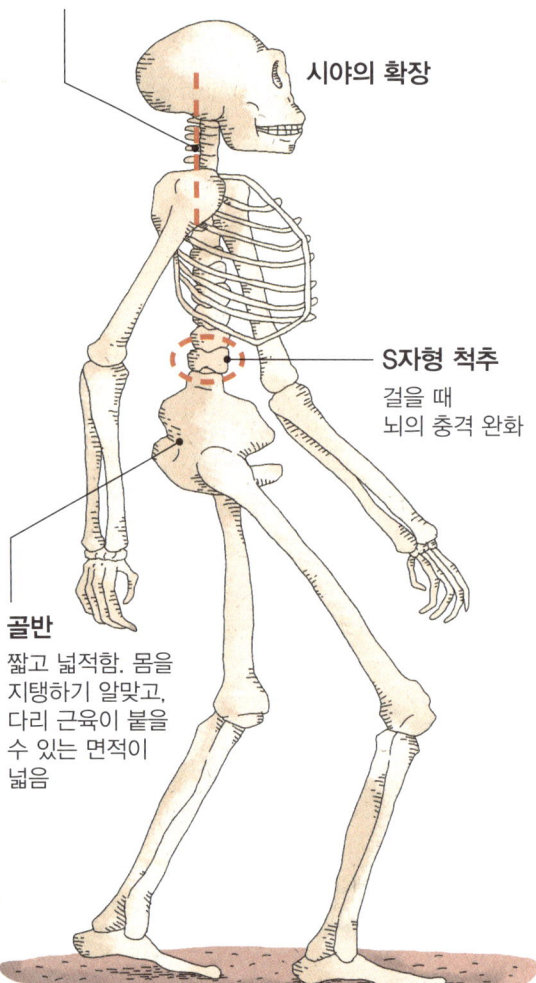

후두의 위치
성대가 있는 후두가 아래로 내려오면서 공명을 위한 공간이 충분히 확보돼 다양한 목소리를 냄

시야의 확장

S자형 척추
걸을 때 뇌의 충격 완화

골반
짧고 넓적함. 몸을 지탱하기 알맞고, 다리 근육이 붙을 수 있는 면적이 넓음

사람

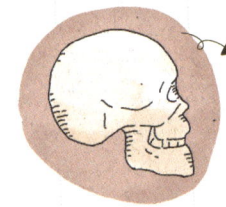

시야 방향
앞을 보고 있음

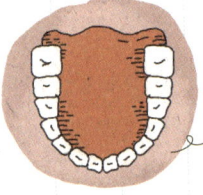

송곳니가 작음
익힌 고기에 적응됨

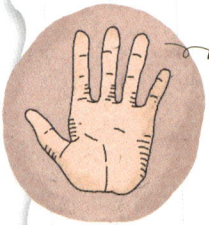

엄지가 길고 관절이 발달
정교한 도구 사용 가능

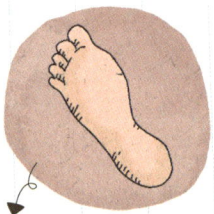

엄지발가락이 다른 발가락과 나란하고, 발바닥이 오목함
오래 걷기에 알맞음

유인원

시야 방향
바닥을 보고 있음

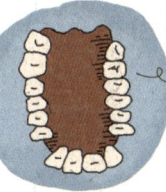
송곳니가 큼
날고기를 먹기에 유리함

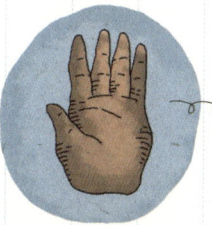
엄지가 짧음
매달리기에 유리함

엄지발가락이 나머지 발가락과 다른 방향으로 배열됨
나무 타기에 유리함

4족 보행
네 다리로 움직일 때 호흡과 동조하여 걸어야 함

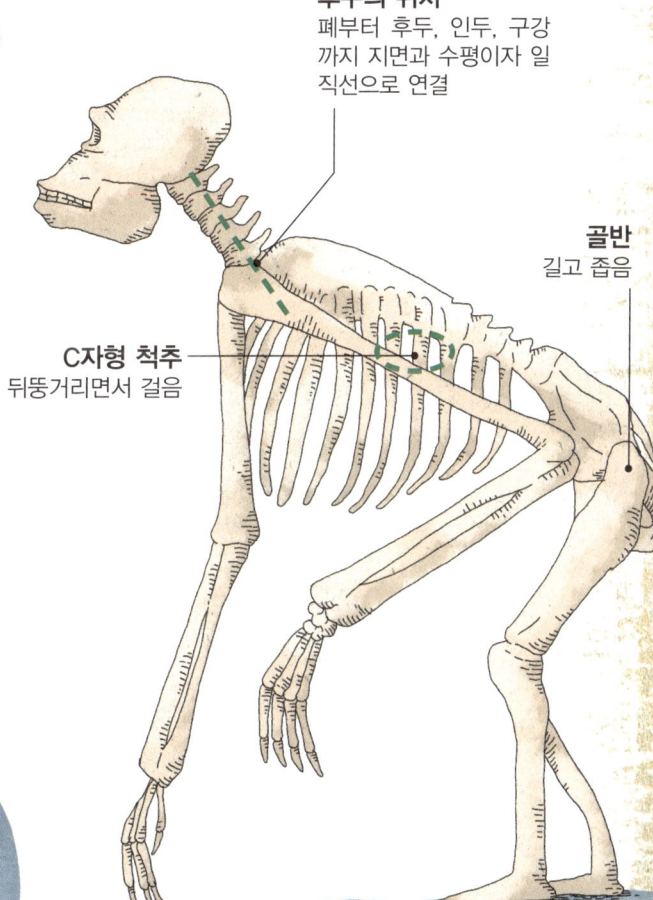

후두의 위치
폐부터 후두, 인두, 구강까지 지면과 수평이자 일직선으로 연결

골반
길고 좁음

C자형 척추
뒤뚱거리면서 걸음

토론왕 되기!

인류의 진화, 과학 기술이 이끌 수 있을까?

우리 주변에서 가끔씩 사랑니 때문에 고생하는 사람들을 보게 됩니다. 수많은 치아 가운데 왜 유독 사랑니가 문제인 것일까요? 수만 년 전 우리 인류의 조상들은 사랑니로 고생하지 않았어요. 그들은 익히지 않은 거칠고 딱딱한 음식을 먹었습니다. 그 음식들을 씹고 소화시키기 위해서는 크고 튼튼한 턱뼈가 필요했어요. 큰 턱이 있으므로 사랑니가 날 공간이 충분했죠. 그런데 불을 사용해 음식을 익혀 먹게 되고 농경 문화의 발전으로 부드러운 식재료가 주식이 되면서 음식을 씹는 횟수가 크게 줄어들었어요. 그러면서 사람의 턱뼈는 점차 작아졌고, 입속 공간도 작아져 사랑니가 자랄 공간이 부족해졌어요.

인류의 조상은 약 180만 년 전부터 뇌의 용량이 커지면서 석기와 같은 도구를 만들어 사용하기 시작했고 신체 구조도 현생 인류와 비슷한 모습으로 바뀌어 갔어요. 이런 특징을 가진 인류의 화석에 대해서는 '호모'라는 이름을 붙여요.

인류의 진화가 시작된 후 문화라고 불릴 만한 것은 약 5만 년 전부터 나타났어요. 동굴 벽화를 비롯해 정교하게 만들어진 석기·골각기·조각품들이 세계 각지에서 쏟아져 나옵니다. 대략 1만 년 전부터는 농경 문화와 동물의 가축화가 시작되고 많은 사람이 한곳에 모여 살게 되었어요. 인류는 큰 무리로 모여 살면서 뛰어난 지적 능력을 발휘해 문명을 형성할 수 있었어요. 이런 문명의 발달 과정 속에서 진화는 어김없이 이루어져 왔답니다.

이러한 진화를 찰스 다윈의 '자연 선택' 이론에 비추어 생각해 볼까요? 찰스 다윈의 '자연 선택' 이론은 환경에 조금이라도 더 유리한 신체나 사회 구조를 가진 생물들이 살아남는다는 것이에요. 그런데 인간이 외부 환경에 능동적으로 대처하는 일이 가능해지면서 자연 선택의 개념이 도전을 받고 있어요. 인간 스스로 진화의 방향을 결정할 힘을 갖게 됐기 때문이에요.

강한 자외선이 내리쬐는 적도 부근에서 피부색이 흰 사람은 자외선 차단 능력이 떨어져 피부암에 걸려 사망할 확률이 높았습니다. 반대로 극지방 쪽 사람들은 햇빛을 충분히 흡수해야만 비타민 합성과 면역력을 강화시킬 수 있어 검은 피부를 가진 사람은 살아남기 힘들었죠. 그러나 오늘날에는 자외선 차단제와 영양제가 보급돼 피부색과 상관없이 살 수 있게 되었어요.

앞으로는 기계에 대한 인간의 의존도가 높아지면서 기계와 인간이 합쳐진 사이보그 형태로 인간이 진화할지 모른다는 주장도 있어요. 신체적인 결함도 기계의 힘을 빌려 얼마든지 극복하고, 앞으로는 뇌 속의 생각마저 컴퓨터에 업로드할 수 있을 것이기에 그런 쪽으로 인간이 진화할 것이라고 예상돼요.

진화의 일종인 자연 선택은 '생존과 번식에 유리한 성질을 가진 종들이 자신의 성질을 후대로 전달하며 생태계에 퍼진다'라는 논리입니다. 그럼 과학 기술의 발전으로 인한 진화는 자연 선택의 관점으로 볼 때 진화라 부를 수 있을지 생각해 봅시다.

선 잇기

다음은 퇴화된 기관들입니다. 맞는 내용끼리 연결하세요.

1.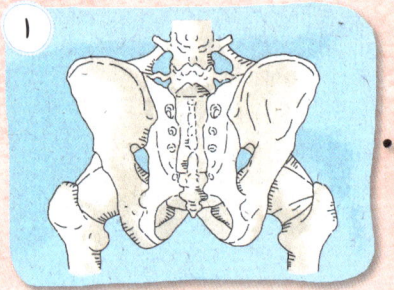
2.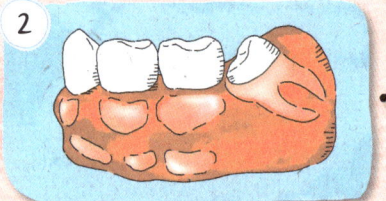
3.
4.

ㄱ. 지상에서 생활하기에 알맞은 튼튼한 다리가 발달하여 날 수 있는 능력을 잃어버렸어요.

ㄴ. 깜깜한 땅속에서 생활하므로 눈은 쓸모가 없게 되었죠.

ㄷ. 직립 보행을 하게 되면서 꼬리를 통해 무게 중심을 맞출 필요가 없게 되었습니다.

ㄹ. 질긴 음식을 먹기 위해서는 치아 개수가 많을수록 유리한데, 이후 점차 음식이 부드러워지면서 씹는 기능이 약해졌습니다.

정답: ①-ㄷ, ②-ㄹ, ③-ㄱ, ④-ㄴ

🧊 인간의 조상은?

다윈과 영식이가 날아간 과거의 날씨는 아주 더웠습니다. 영식이는 연신 얼굴에 손부채질을 해 댔습니다.

"우와, 이곳 날씨가 장난이 아니게 더워요."

"당연하지, 이곳은 과거의 아프리카니까."

그때 영식이가 뭔가를 발견했습니다.

"어, 저기 원숭이들이 있어요. 그런데 원숭이가 허리를 꼿꼿이 세우고 두 발로 걸어 다녀요. 신기하네요."

"저건 원숭이가 아니야. 인류의 조상인 오스트랄로피테쿠스라는 원시인이란다. 우리의 할아버지의 할아버지의 할아버지의 몇 백만 년 전

선조인 할아버지지."

"에이, 완전 원숭이인데요. 저분이 우리의 조상이면 원숭이가 우리의 조상인 게 맞는 거네요."

"아니, 전혀 그렇지 않아. 저기 나무 위를 보렴."

나무 위에는 진짜 원숭이들이 있었습니다.

"이게 어떻게 된 건가요?"

"앞에서 우리가 어류에서 진화되었다고 말했지?"

영식이는 어류에서 진화되었다는 말을 듣는 순간 딸꾹질을 했습니다. 아가미가 진화하는 과정에서 나타난 부작용입니다.

3장 인간 진화의 근원

다윈 박사의 진화⁺

공통 조상에서 갈라진 인간과 원숭이

사람과 침팬지, 고릴라, 오랑우탄은 모두 공통 조상을 가지고 있었어요. 과학자들이 유전자 염기 서열을 해독하여 추정한 결과 공통 조상에서 1천 200만 년~1천 600만 년 전에 오랑우탄의 조상이, 600만~800만 년 전에는 고릴라의 조상이, 인간과 침팬지는 약 400만~600만 년 전에 갈라져 나온 것으로 봅니다. 그 뒤 침팬지류는 다시 침팬지와 보노보(피그미 침팬지)로 갈라졌죠.

인간과 침팬지는 유전자가 98.5% 정도 일치해요. 공통 조상에서 갈라져 나왔기 때문에 이런 유사성을 지니는 거예요.

시간이 흐르면서 종들 사이에서도 차이점이 나타나기도 했어요. 어떤 종은 주로 나무 위에 살면서 식량을 얻을 때에만 나무 아래로 내려와 두 발로 걸었고, 다른 종은 더 이상 나무 위에서 살지 않았으며, 어떤 종은 도구를 만들고, 불을 이용할 수 있었어요. 그리고 언어를 사용할 수 있는 종이 나타나기도 했죠. 그 와중에 주변 환경에 가장 잘 적응할 수 있었던 종만이 살아남게 된 것이에요.

"그렇게 진화해 오면서 갈라지기 시작했지. 한쪽은 원시인으로, 다른 쪽은 원숭이로 나누어지면서 진화한 거다."

"아, 그럼 원숭이와 인간의 조상은 같았는데 이쪽으로 진화하면서 인간이 되고 저쪽으로 진화한 것은 원숭이가 된 것이네요. 휴우, 인간 쪽으로 줄을 서서 정말 다행이에요."

"하하하. 그럼 이제부터는 원시인의 진화 과정을 좀 살펴볼까?"

"원시인들도 진화했나요?"

"당연하지. 인간은 지금도 진화하고 있다고 했잖아. 날 보면 모르겠니?"

다윈은 홀로그램을 띄웠습니다.

"아까 봤던 오스트랄로피테쿠스에 대해 알아보자."

다윈 박사는 오스트랄로피테쿠스에 대해 설명했습니다.

오스트랄로피테쿠스는 최초의 화석 인류(약 300만 년 전)로 두 발로 서서 다녔으며, 단순한 돌멩이, 도구, 나뭇가지, 짐승 뼈 등을 사용했습니다. '오스트랄로피테쿠스'란 이름은 남쪽의 인간 원숭이라는 뜻입니다. 뇌의 크기는 평균 500cc 전후로 현재 살고 있는 큰 유인원보다 조금 더 크며 인류의 3분의 1 정도입니다. 열대 지방인 아프리카에서만 발견되었습니다.

다시 영식이와 다윈은 융단 위에 올라탔습니다. 오스트랄로피테쿠스

다음으로 진화된 인류를 만나러 가야 하기 때문이었습니다. 진화는 엄청나게 오랜 시간이 걸리는 것입니다. 적어도 몇백 만 년의 세월 동안 진화가 조금씩 일어나는 것이거든요.

하지만 그들의 융단은 시간의 흐름을 건너뛰면서 날아갔습니다. 잠깐 사이에 몇백만 년이 흐른 것이죠.

"여긴 아프리카가 아닌 것 같아요."

"오, 영식이 눈썰미가 제법이구나. 우리는 최초로 아프리카를 떠난 인류를 만나 볼 거다."

영식이 일행의 융단이 동굴 앞에 착륙했습니다.

"동굴 안에 누가 있나 봐요. 불빛이 있어요."

동굴 앞에서 주위를 두리번거리던 다윈이 말했습니다.

"우리가 제대로 찾아왔나 보구나. 우리가 만날 인류는 호모 에렉투스란다. 최초로 불을 사용하기 시작한 인류지."

다윈과 영식은 동굴 안으로 들어갔습니다.

동굴 안쪽에서 맛있게 익는 고기 냄새가 났습니다. 누군가 고기를 굽고 있는 모양이었습니다.

오스트랄로피테쿠스보다는 좀 진화된 듯한 네 명이 동굴 안에 모여 있었습니다. 그들은 가운데 불을 피워 놓고 고기를 굽고 있었습니다. 그중 한 사람이 영식이 일행을 쳐다보면서 뭐라고 말했습니다. 현재 사용하는 언어는 아니지만 호모 에렉투스는 간단한 언어를 사용한 최초의 인류이기도 합니다.

다윈이 미래에서 가져온 언어 통역기를 자신의 귀에 꼽고 영식이의 귀에도 꼽아 주었습니다. 그랬더니 신기하게도 호모 에렉투스가 하는 말을 알아들을 수 있었습니다.

"끼릭끼릭 끽(누구냐)."

다윈은 웃으며 대답했습니다.

"우리는 당신들이 훨씬 맛있는 고기를 먹을 수 있도록 도와주러 온 사람들이다."

"끼리릭 끼리릭(그래? 그럼 한 번 해 봐)."

다윈이 잘 익은 고기에 소금과 후추를 뿌려 주었습니다. 소금과 후추가 뿌려진 고기를 한 입 먹어 본 호모 에렉투스는 놀라는 표정을 지었습니다.

"끼릭 끼릭 끼리릭(우와, 정말 맛있는데. 이거 우리 줘)."

호모 에렉투스가 소금과 후추를 달라고 하자 다윈은 그들에게 소금과 후추를 선뜻 내어주었습니다.

"선물로 줄게."

호모 에렉투스는 고기를 함께 먹자고 했습니다. 덕분에 영식이와 다윈은 고기를 실컷 얻어먹었습니다.

3장 인간 진화의 근원

한참 고기를 먹고 있던 영식이가 다윈에게 물었습니다.

"이게 무슨 고기죠? 너무 맛있는 걸요."

"매머드 고기야. 매머드는 코끼리의 조상이지. 호모 에렉투스는 단체로 사냥을 했어. 그래서 이렇게 큰 짐승도 사냥할 수 있었던 거지."

다윈이 문득 뭐가 생각난 듯 영식이에게 물었습니다.

"영식아, 호모 에렉투스가 오스트랄로피테쿠스와 다른 점이 있는데, 그게 뭔지 알겠니?"

"아, 알 것 같아요. 이 사람들은 옷을 입고 있어요."

"그래. 이들은 짐승을 사냥하고 난 뒤 짐승의 가죽을 옷으로 사용한

최초의 인류야. 패션 디자이너의 조상이지. 하하하."

다원과 영식이는 호모 에렉투스와 금방 친해졌습니다. 호모 에렉투스가 영식이와 다원에게 매머드 사냥을 같이 가자고 했습니다.

매머드라는 말을 듣자 영식이는 덜컥 겁이 났습니다. 다원 역시 겁을 먹은 건 마찬가지였습니다. 다원은 뭔가 두고 온 게 있다며 영식에게 눈짓으로 신호를 보냈습니다. 그리고 동굴에서 급히 빠져나와 융단을

타고 바로 달아났습니다. 그들은 원시 인류만큼 용감하지 않았거든요.

다윈이 말했습니다.

"이제 우리가 만날 인류는 호모 사피엔스다. 현재 우리 인간과 가장 가까운 인류지."

"호모 사피엔스?"

"호모 사피엔스란 지혜가 있는 사람이란 뜻이야. 약 4만 년에서 5만 년 전부터 지구상에 퍼져 나간 인류란다."

호모 사피엔스는 돌을 정교하게 다듬어 사용하기 시작했고 청동도 만들어 썼으며, 철로 무기를 만들기도 했습니다. 또한 언어 구사 능력도 뛰어나서 단순한 의사소통 외에도 고차원적인 언어를 사용할 수 있었습니다.

그 당시 호모 사피엔스라는 인류만 있었던 것은 아니라고 합니다. 네안데르탈인이라는 인류도 있었습니다. 이들은 호모 사피엔스와 경쟁 관계에 있었지만 환경에 잘 적응했던 호모 사피엔스만 살아남게 되고 네안데르탈인은 아쉽게도 멸종하게 되었습니다.

호모 사피엔스가 어느 정도의 적응력이 있었냐 하면 그들은 혹독한 빙하기를 겪으면서도 동굴에 살면서 모진 추위를 이겨냈습니다. 이 시기 에스파냐의 알타미라 동굴 벽화, 프랑스의 라스코 동굴 벽화는 이들이 살았던 흔적을 보여 주는 것입니다.

다윈 박사의 진화+

호모 에렉투스와 호모 사피엔스

호모 에렉투스와 호모 사피엔스 둘 다 인류의 조상입니다. 다만 호모 사피엔스가 직접적인 조상이지요. 호모 사피엔스와 현생 인류는 문명이 있다는 것만 차이가 날 뿐 거의 비슷하다고 합니다. 인류가 존재한 시기의 99%는 선사 시대입니다. 호모 에렉투스와 호모 사피엔스 둘 다 아프리카에서 처음 나왔으며 그 후 전 세계로 퍼져 간 것입니다. 호모 에렉투스는 180만 년 전에 처음 나와 10만 년 전까지 살았으며, 호모 사피엔스가 출현한 때는 30만 년 전으로 보고 있습니다.

약 300만 년 전
뇌 용량 400~700cc

오스트랄로피테쿠스 아파렌시스
'남쪽 아프리카의 인간 원숭이'라는 뜻

약 180만 년 전
뇌 용량 900~1100cc

호모 에렉투스
베이징인, 자와인

약 40만 년 전
뇌 용량 평균 1600cc

호모 네안데르탈렌시스
네안데르탈인

약 30만 년 전
뇌 용량 1300~1600cc

호모 사피엔스
크로마뇽인
(약 4만 5천 년 전)

차이점 1 · 불을 다루는 능력

호모 에렉투스	호모 사피엔스
자연에서 얻은 불씨를 가지고 겨우 이용하는 정도	자유자재로 불을 다룰 줄 알았음

차이점 2 · 무기의 성능

호모 에렉투스	호모 사피엔스
주먹도끼로 돌을 떼어서 날카롭게 만든 도구 → 사정거리가 팔 길이만큼밖에 안 됨	슴베찌르개(슴베에 자루를 꽂아 사용) → 사정거리도 더 길어짐

차이점 3 · 언어 능력

호모 에렉투스	호모 사피엔스
기초적인 언어 사용	더 발달하고 고차원적인 언어 사용 → 세세한 표현 가능

차이점 4 · 사냥 기술

호모 에렉투스	호모 사피엔스
사냥할 동물이 지칠 때까지 계속 따라가는 단순한 방식	한쪽에 숨어 있고, 다른 쪽에서는 덫으로 몰아가는 방식

차이점 5 · 뇌의 크기와 턱뼈의 각도

호모 에렉투스	호모 사피엔스
뇌의 무게는 900~1100cc 턱뼈 각도가 90°	뇌의 무게는 1300~1600cc 턱뼈 각도가 90°가 넘음

살아남는 방법

다윈이 말합니다.

"영식아, 다윈이 했던 그 말 기억나니?"

"다윈은 아저씨잖아요."

"나 말고 옛날 진화론을 말한 다윈 할아버지를 말하는 거야. 나의 할아버지의 할아버지……."

"적자생존이요. 환경에 적응하는 종만이 살아남는다. 책에서 본 적 있어요."

"우리 영식이 제법 똑똑한데? 강한 종이 살아남는 것이 아니라 변화에 적응하는 종이 살아남지. 사실 네안데르탈인은 호모 사피엔스보다 체력적으로는 훨씬 더 강인했지만 적응력에서 호모 사피엔스보다 약했어. 그래서 네안데르탈인은 멸종하고 호모 사피엔스는 살아남을 수 있었던 거란다. 우리가 바로 호모 사피엔스의 후손들이지."

다윈이 영식이에게 물었습니다.

"너, 개 좋아하니?"

"그럼요. 개를 싫어하는 사람도 있나요?"

"늑대를 길들여 개로 변신시킨 인류가 바로 호모 사피엔스란다."

"우와, 호모 사피엔스가 개를 키웠군요. 개의 역사도 오래됐네요?"

다윈 박사의 진화+

인간과 개의 유대 관계

지금으로부터 약 1만 5천 년, 길게는 3만 년 전부터 인간은 개들과 함께 생활하였다고 추정돼요. 가장 유력한 의견은 친화력이 높은 늑대들이 스스로 가축화를 택하여 '개'가 되었다는 것이에요. 그것은 인류가 정착 생활을 시작하면서부터였죠. 사람들은 대형 동물들을 사냥해 먹이로 삼았고 먹고 난 동물의 시체를 던져 놓으면 이를 청소하는 동물이 나타났어요. 그 잔해를 해치운 것은 숲속의 늑대였어요.

사람들이 드넓은 초원을 이동하며 사냥을 할 때 늑대들은 인간을 경계하면서도 뒤를 쫓았어요. 늑대들은 짐승들을 무리에서 떼어 놓았고 그 덕에 사람들은 창이나 활로 짐승을 잡았어요. 어떤 늑대는 야영지 근처에서 잠을 잤어요. 사람들은 늑대에게 안전한 안식처와 먹을거리를 제공했고 늑대들은 인간이 제공해 주는 안식처와 음식을 통하여 더 이상 야생에서 추위에 떨면서 사냥감을 찾으며 살 필요가 없어졌어요.

개가 된 늑대들은 낯선 침입자들로부터 인간의 영역을 보호해 주었으며, 천부적인 후각 및 신체 능력을 통하여 사냥을 돕기도 했어요. 함께 생활하며 점차 가까워진 인간과 늑대는 일종의 협업 관계였어요. 인간 또한 늑대의 필요성을 느꼈기 때문에 늑대의 새끼를 키우기도 했죠.

신석기 시대 암벽화

3장 인간 진화의 근원

"그때부터 개와 인간은 사이가 좋아졌지."

개를 이용한 사냥으로 호모 사피엔스는 고기를 더 많이 먹을 수 있게 되었고 더욱 더 머리를 발전시켜 나가게 되었습니다. 뇌를 크게 키우는 데에는 고기에 들어 있는 단백질이 중요한 역할을 했습니다.

그 뒤 호모 사피엔스는 사냥과 채집을 통해 더욱 번성하였고, 지적 능력과 무기의 발달로 지구 구석구석에 세력을 떨치게 되었습니다.

그때였습니다. 뭔가가 영식이 일행이 타고 있던 융단을 잡아당겼습니다.

"뭐야? 누가 우리 융단을 잡아당기는 거야. 어라, 강아지네?"

호모 사피엔스 시대에 살고 있던 강아지가 융단을 물어 당기고 있었던 것입니다.

"쪼, 쪼, 쪼. 이리 와라."

영식이가 강아지를 안았습니다. 아주 귀여운 강아지였습니다. 영식이는 강아지를 안고 머리를 쓰다듬었습니다. 그때 어디선가 어미 개가 나타났습니다. 이빨을 드러내고 금방이라도 달려들 기세였습니다.

"빨리, 그 강아지를 놔줘라. 저 어미 개 아주 사납게 생겼어."

영식이는 강아지를 놔주고 다윈은 융단을 운전해서 재빨리 도망갔습니다.

3장 인간 진화의 근원

인류의 진화

오스트랄로피테쿠스

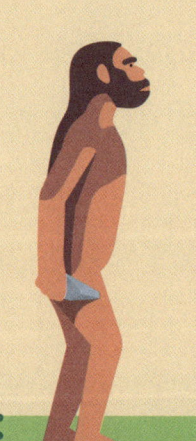
호모 하빌리스   호모 에렉투스

400만 년 전   200만 년 전   80만 년 전

호모 에렉투스
- '똑바로 선 사람'이라는 뜻
- 아프리카에서 출현하여 다른 지역으로 이주한 최초의 인류
- 현대 인류인 호모 사피엔스의 직접적인 조상
- 베이징인, 자와인
- 동굴 생활, 발달한 석기를 사용한 집단 사냥, 최초로 불을 사용함.

오스트랄로피테쿠스
- '남쪽의 인간 원숭이'라는 뜻
- 아프리카에서 발견되어 처음으로 사람과에 속하는 것으로 분류됨.
- 2016년에 에티오피아에서 380만 년 전의 오스트랄로피테쿠스 아나멘시스의 두개골 화석이 발견됨.
- 직립 보행, 간단한 도구를 제작하여 사용함.

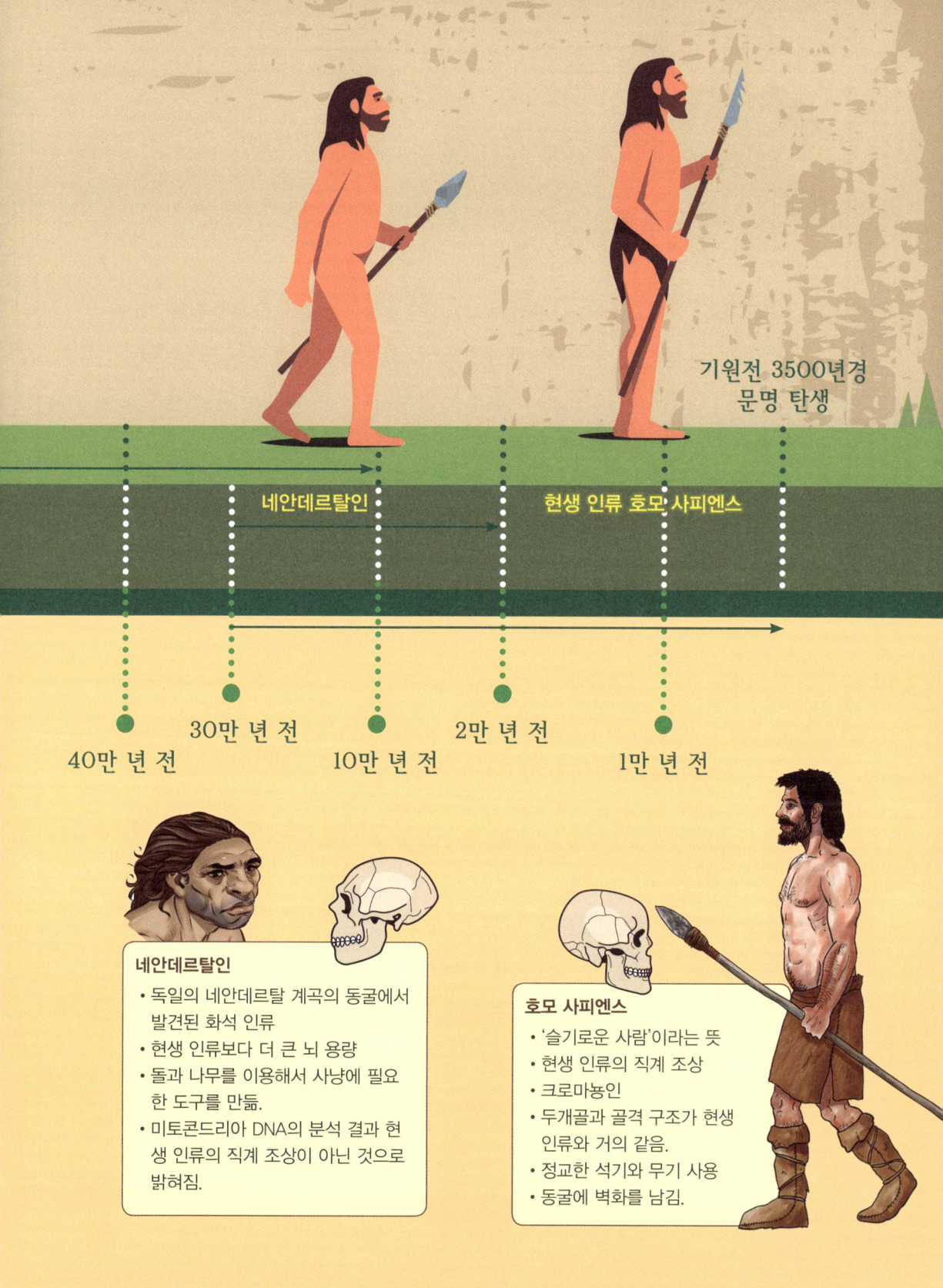

최초 인류는 모두 '흑인'?

맨살 피부를 가진 최초의 인간들은 피부가 검었습니다. 인간 모두가 '흑인'에 가까웠다는 말이죠. 검은 피부에는 멜라닌 색소가 많습니다. 멜라닌 색소는 자외선을 막아 주는 역할을 합니다. 자외선은 피부암을 일으키기도 하고, 유전자에 돌연변이를 일으키거나 기형아를 낳을 확률을 높입니다. 하지만 현재의 인류는 다양한 피부색을 가지고 있습니다. 어떤 인간 집단은 다시 피부색이 옅어졌습니다. 몸에 해로운 자외선을 막아 주는 멜라닌을 얻었는데, 왜 이것을 다시 없애야 했을까요.

인류는 가장 햇살이 뜨거운 적도 지방에서 처음 생겨나 전 세계로 퍼져 나갔습니다. 그리고 위도가 높은 지역에서는 빙하기가 반복됐습니다. 빙하기에는 구름 낀 날씨가 계속돼 햇빛을 보기가 힘들어졌습니다. 그렇게 되자 적도 지방에서와는 달리 자외선이 부족하다는 문제점이 생겼습니다. 자외선은 비타민 D의 합성에 꼭 필요합니다. 비타민 D는 칼슘을 흡수하는 데 결정적인 역할을 하기 때문에 비타민 D가 부족하면 뼈가 물렁해지고 형태가 일그러집니다. 비타민 D가 부족한 시기가 길어지거나, 성장기 때 부족하면 구루병(뼈의 변형과 성장 장애가 주요 증상)이 생깁니다.

가임기 여성의 뼈가 일그러지면 어떤 일이 생길까요? 골반뼈가 일그러져 아기를 낳을 수 없게 됩니다. 산모와 아기를 위협하는 치명적인 증세 앞에서 인류는 다시 멜라닌이 없는 흰 피부로 돌아갈 수밖에 없었습니다.

오랫동안 흑인종, 백인종, 황인종 등 인간의 종류(인종)를 구분하는 기준은 피부색이었습니다. 인류학자들은 1960년대부터 이런 구분에 의문을 품기 시작했습니다. 그리고 사람들의 피부색이 짙은 지역과 자외선이 강한 지역이 일치한다는 사실은 인류의 피부색이 환경에 적응한 결과임을 나타낸다는 주장이 나왔습니다. 피부색이 사람의 종류를 구분하는 특별한 기준이 될 수는 없다는 뜻이었지요. 이에 더해 인종이란 것이 생물학적으로 구분될 수 있는 개념이 아니라는 사실도 밝혀졌습니다. 지구상의 모든 인간은 생물학적 또는 해부학적으로 동일한 존재이기 때문입니다. 결과적으로 피부색에 기초한 인종 구분은 더더욱 설 자리를 잃게 됐습니다.

최초의 인류가 탄생한 곳은 적도 지방이었다고 합니다. 그리고 전 세계로 퍼져 나갔다고 합니다. 최초의 인류가 적도 지방이 아닌 추운 지역에서 처음 생겼다면 인간의 피부색은 흰색에서 검은색으로 진화했을까요? 그 경우 인류 진화의 양상은 어떻게 달라졌을지 생각해 봅시다.

빈칸 채우기

다음은 주어진 단어에 대한 설명입니다. 초성으로 제시된 칸을 채워 보세요.

(1) 직립 보행

ㄷ ㅂ 로 척추를 위로 꼿꼿이 세우고 걷는 것

(2) 흔적 기관

ㅌ ㅎ 하여 원래의 기능을 상실하고 흔적만 남아 있는 기관

(3) 적자생존

환경에 ㅈ ㅇ 하는 종만이 살아남는 것

(1) 두 발 (2) 퇴화 (3) 적응

진화 그것을 알려 다오!

ACT 1. 지구의 탄생

아주 오래전 우주에는 가스와 먼지, 광물 들이 떠돌고 있었어.

이들은 이웃하는 초신성의 폭발로 서로 부딪쳐 뭉치게 돼.

이후 원시 태양이 만들어져. 태양 주변에는 여전히 얇은 성운이 떠돌고 있었지.

이들 성운들은 서로 충돌하며 크기를 키워 행성을 만들어.

행성들 중에서 원시 지구가 탄생해.

행성으로 시작한 지구는 처음에 온도가 매우 낮았으나 내부의 방사선 물질이 붕괴되어 열이 발생하고 온도가 높아지기 시작해.

뜨거워 죽겠어.

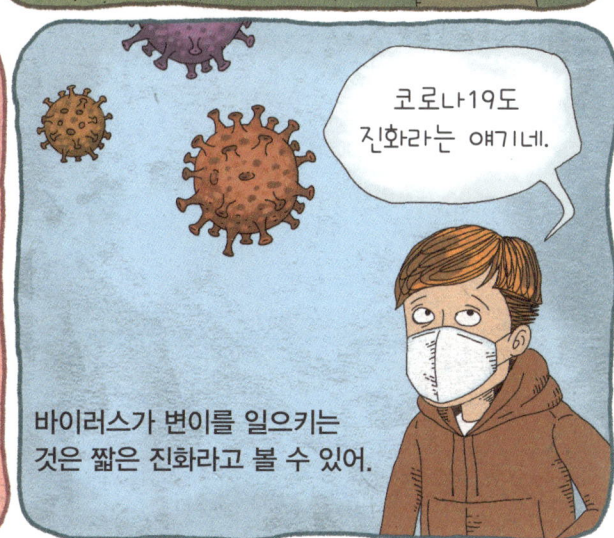

ACT 4. 인류의 조상

사람이 물고기와 개구리를 거친 뒤에 원숭이에게서 태어났다면, 어째서 화석 기록에는 '개구리원숭이'가 없나요?

원숭이는 개구리에서 유래하지 않았기 때문이야.

조상은 같지만 어떤 한 종이 순식간에 새 종을 낳을 수는 없거든.

진화가 하룻밤 새에 이루어진다고 생각하는 것은 큰 잘못이야.

사람은 원숭이와 공통 조상을 갖고 있을 뿐이야. 자, 인류의 조상이 누구인지 그림을 볼까?

공통 조상

영장류는 인류의 먼 친척뻘이라 할 수 있어.

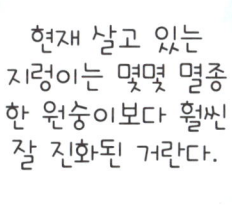

영국의 진화 생물학자 존 홀데인(John Burdon Sanderson Haldane, 1892~1964)이 진화론에 대하여 강연을 하고 있을 때였습니다. 한 여성이 손을 들고 일어나 도발적인 질문을 던졌어요.

"교수님! 교수님께서 아무리 그리 말씀하셔도 저는 단순한 하나의 세포가 복잡한 인간의 몸이 될 수 있다는 사실을 도저히 믿지 못하겠어요. 뼈와 근육과 신경으로 조직된 수조 개의 세포, 수십 년 동안 쉼 없이 펌프질하는 심장, 한없이 길고 긴 혈관과 콩팥 세관, 생각하고 말하고 느끼는 뇌를 가진 몸이 하느님의 창조가 아니라면 어떻게 만들어 질 수 있을까요?"

그러자 홀데인 교수는 싱긋 웃으며 답했어요.

"하지만 부인, 부인께서도 직접 그 일을 하셨습니다. 그것도 열 달밖에 걸리지 않았지요."

인류의 신체 구조는 그 형태만 놓고 보면 너무나도 합리적이고 자연스럽기에 마치 신의 창조와도 같은 기적으로 치부되기도 합니다. 하지만 진화는 수백만 년에 걸쳐 조금씩 쌓여 온 변화의 결정체입니다. 여러분의 손과 발, 내부 기관, 핏줄에서 머리카락 한 올까지 수백만 년, 아니 수십억 년의 신비를 담고 있습니다. 더욱 놀라운 사실은 이것이 끝이 아니라 인류가 존재하는 한 앞으로도 끊이지 않고 계속 이어져 나갈 역사라는 것이지요.

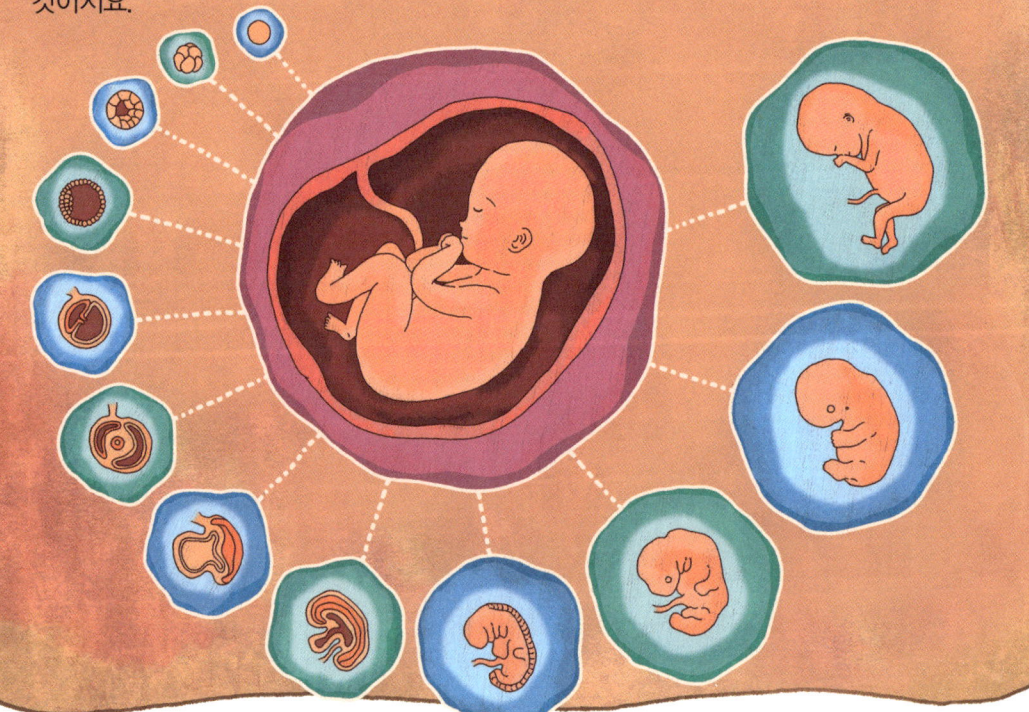

4장

진화 과정의 흔적을 찾아라

갈라파고스섬에서 만난 진화의 증거

갑자기 다윈이 탐정 복장을 하고 있습니다.

"아저씨, 옷이 그게 뭐예요. 설마 오늘부터 탐정으로 직업을 바꾸신 건가요?"

"하하하, 오늘 나는 영식이랑 우리 조상을 만나러 갈 거다."

"다윈 아저씨의 조상이요?"

"음, 진화론을 만들어 낸 진짜 다윈 할아버지의 업적을 찾으러 갈 거다. 내가 이런 복장을 한 이유는 그분의 시대로 가서 그분이 연구했던 흔적을 탐정처럼 찾아보려고 해서야."

다윈과 영식이는 갈라파고스 제도로 날아갔습니다. 갈라파고스 제도

는 많은 섬들이 따로따로 떨어져 있었습니다.

다윈은 이상한 장치를 설치했습니다.

"이게 뭐예요. 새를 잡기 위한 최첨단 장치라고 하더니 이게 최첨단 장치인가요?"

"쉿, 조용히 해. 새가 왔다고."

다윈이 새를 잡았습니다. 그 새는 핀치라는 새였습니다. 다윈은 새의 머리 사진만 찍고 도로 놓아 주었습니다. 다윈과 영식이는 이렇게 네 곳의 섬을 돌아다니며 새를 잡았다가 놓아 주곤 했습니다. 기껏 잡았던 새를 놓아 주는 것에 불만을 품은 영식이가 한 마디 했습니다.

"놓아 줄 거면 왜 잡는 거예요? 섬을 네 군데나 돌아다니며 말이에요. 다리 아파 죽겠어요."

"하하하, 영식아. 이제 다 됐어. 네 마리의 핀치새를 이렇게 찍었잖아."

"사진만 찍으면 뭐해요. 똑같이 생긴 새를……."

"같은 새지만 다른 점이 있지. 다윈 할아버지가 이 새를 연구하여 〈종의 기원〉이라고 하는, 진화에 관한 책을 썼단다."

"종의 기원?"

"이 책을 보면 핀치새에 대한 연구가 있어. 오늘 우리는 그것을 공부해 볼 거야."

"똑같은 새들을 보고 뭘 연구한다는 거죠?"

종의 기원

찰스 다윈은 '왜 멸종한 동물들과 같은 지역에서 살고 있는 오늘날의 동물들 사이에 연속성이 있는가?'가 궁금했습니다. 오늘날의 동물들은 화석 동물들이 모습을 바꾼 후손이 아닐까 하는 것이 그의 큰 의문점이었습니다. 그 이유를 다윈은 〈종의 기원〉에서 생물들 사이에는 살아남기 위한 생존 경쟁이 일어나는데 그중에서 환경에 잘 적응한 것은 살아남고 적응하지 못하는 것은 도태된다는 자연 선택을 통해 진화했기 때문이라고 설명했습니다. 그의 설명을 일반적으로 다윈의 '진화론'이라고 부릅니다.

"내가 왜 탐정 복장을 하고 있는지 그 진가를 보여 주마. 영식아, 이 넉 장의 사진들을 잘 봐라."

영식이가 사진을 보았습니다. 그리고 뭔가를 느꼈는지 천천히 이야기를 했습니다.

"얼굴은 똑같이 생겼는데 부리가 다 달라요."

"역시 과학을 좋아하는 아이가 맞구나. 이건 저마다 환경에 맞게 부리가 진화한 결과다. 우리의 선조 할아버지 다윈이 발견한 것이지."

일단 다윈 박사의 이야기를 좀 들어 보도록 하겠습니다.

큰갈라파고스핀치의 부리는 크고 단단한 식물의 씨앗을 깨서 먹기에 딱 맞게 진화된 것이고 갈라파고스핀치의 부리는 크기가 중간 정도 되는 식물의 씨앗을 먹기에 알맞습니다.

작은나무핀치의 부리는 작은 식물의 씨앗을 깨서 먹거나 꽃의 꿀을 빨기에 맞게 진화된 것이고, 솔새핀치의 부리는 곤충을 먹기에 딱 맞게 바뀌었습니다.

"왜 이렇게 된 것인가요?"

영식이가 물었습니다.

"자연의 변화에 맞춰 새들이 진화를 한 것이지. 물론 긴 시간의 결과이기도 하지만 분명 진화는 사실이라는 것을 말하고 있지."

핀치새의 부리

1835년 9월 15일 갈라파고스 제도 근처 해상에 영국 해군의 항해 조사선 비글호가 나타났습니다. 배에는 박물학자 찰스 다윈이 타고 있었습니다. 다윈은 갈라파고스 제도의 주요 섬 네 곳을 탐험했습니다. 이때 그가 채집한 동식물 가운데 '갈라파고스핀치'라는 새가 있었습니다.

핀치들은 먹이에 따라 부리 모양이 달랐습니다. 딱딱하고 큰 씨앗이 많은 지역에 사는 핀치의 부리는 씨앗을 깨는 데 알맞도록 크고 뭉뚝한 반면 작은 씨앗이 땅 깊숙이 박혀 있는 곳의 핀치는 뾰족한 부리를 갖고 있었습니다.

선인장의 즙을 먹는 핀치는 선인장의 꽃과 과육을 찢기에 알맞은 길고 뾰족한 부리를 가졌습니다. 또 다른 핀치새의 부리는 가늘고 뾰족한 부리를 이용해 곤충을 잡아먹습니다. 갈라파고스의 여러 섬에는 12종 이상의 핀치들이 살고 있었고 각 섬의 핀치들은 먹이에 따라 부리의 형태가 달랐던 것입니다.

다윈은 이 핀치새들이 원래 한 종류였지만 환경의 차이로 부리의 모양이 변하면서 새로운 종이 생겨나고 생존 경쟁에서 살아남았다는 가설을 세웠습니다.

원래의 핀치새 무리는 우연히 갈라파고스에 들어온 후 차차 여러 섬으로 퍼졌을 것입니다. 이후 각 섬의 먹이, 서식지 등 환경의 차이는 적응하기에 유리한 핀치만 살아남을 수 있도록 영향을 주었고 그 새들이 많은 자손을 낳아 번성하게 되었을 것입니다. 다윈은 이를 '자연 선택'이라고 하였습니다.

다윈의 핀치 갈라파고스핀치는 이후 다윈의 핀치라는 별명으로 불리게 됩니다.

과일을 먹는 종류
앵무새 같은 큰 부리로
과일이나 꽃을 따 먹음

곤충을 먹는 종류 ①
짧고 단단한 부리로 나무 위의
곤충을 잡아 먹음

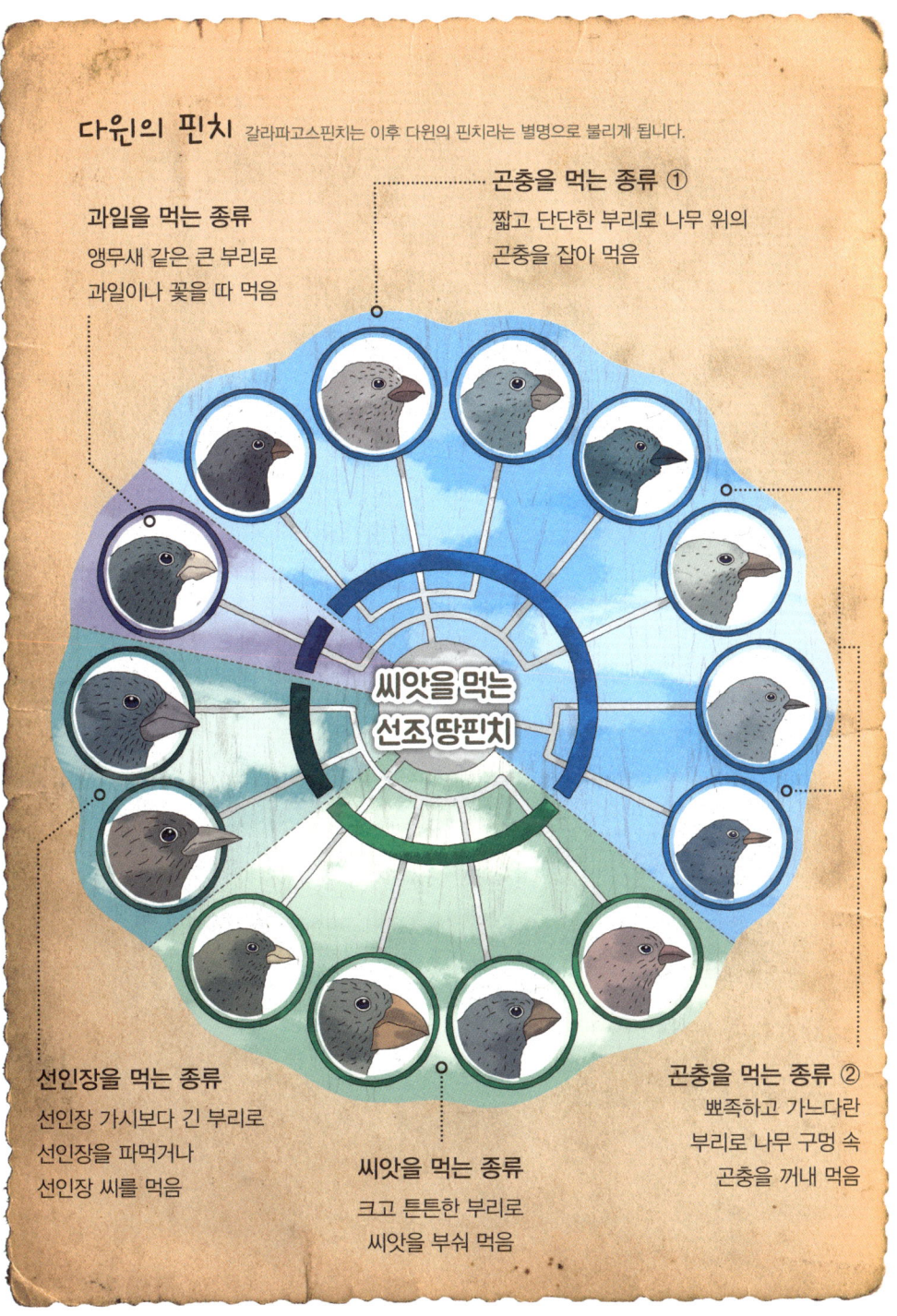

씨앗을 먹는
선조 땅핀치

선인장을 먹는 종류
선인장 가시보다 긴 부리로
선인장을 파먹거나
선인장 씨를 먹음

씨앗을 먹는 종류
크고 튼튼한 부리로
씨앗을 부숴 먹음

곤충을 먹는 종류 ②
뾰족하고 가느다란
부리로 나무 구멍 속
곤충을 꺼내 먹음

4장 진화 과정의 흔적을 찾아라

진화의 흔적이 남아 있는 동물들

다윈은 자신의 할아버지 말씀을 뒷받침할 진화의 증거를 더 보여 주겠다고 했습니다. 그리고 영식이에게 그림 한 장을 보여 주었습니다. 그것은 고래의 뼈 그림이었습니다.

"영식아, 고래 뼈의 저 부위를 봐. 뭔가 이상한 것이 보이지 않니?"

"저는 잘 모르겠어요."

"하하하, 내가 너무 앞서 갔구나. 설명을 해 줄게. 고래는 다리가 없지. 그런데 고래의 뼈를 보면 작은 다리뼈가 있단다. 그 말은 옛날의 고래에게는 다리가 있었다는 뜻이다."

"예? 고래에게 다리가 있었다고요?"

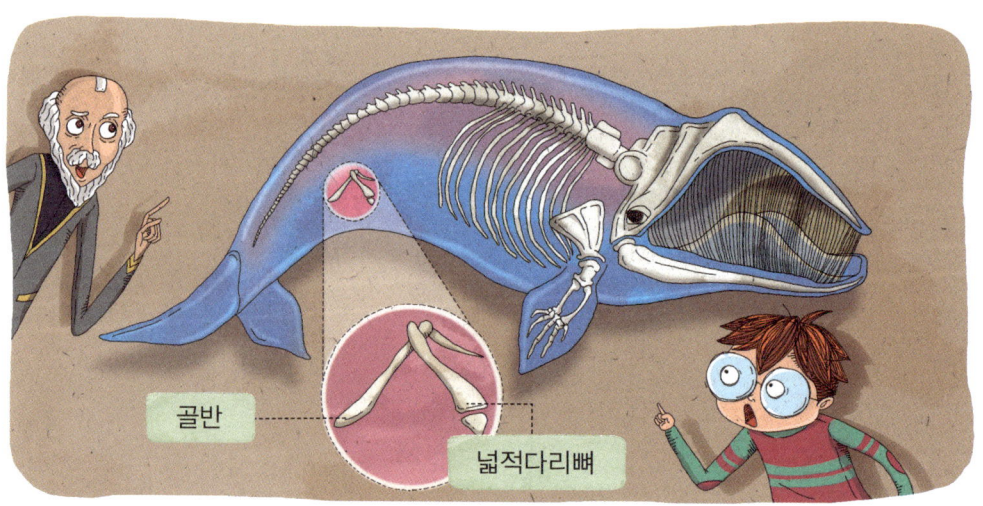

"그래, 고래는 육지를 걸어 다니던 포유류인 때가 있었지. 그러다가 바다에서 생활하면서 다리는 퇴화돼 버렸어. 바다에서 헤엄을 칠 때에는 다리보다는 지느러미가 훨씬 유리하니까. 그렇게 다시 진화한 것이다."

"박사님, 진화가 왔다갔다 해도 되는 건가요?"

"그럴 수 있지. 왜냐하면 진화라는 것은 환경에 대한 적응으로 이루어지는 것이기 때문이란다. 이런 경우는 뱀에게서도 이루어졌었다. 뱀 역시 다리뼈가 있어."

"오, 신기해요. 뱀에게 다리뼈가 있다니."

"진화의 증거는 화석을 통해서도 찾을 수 있다."

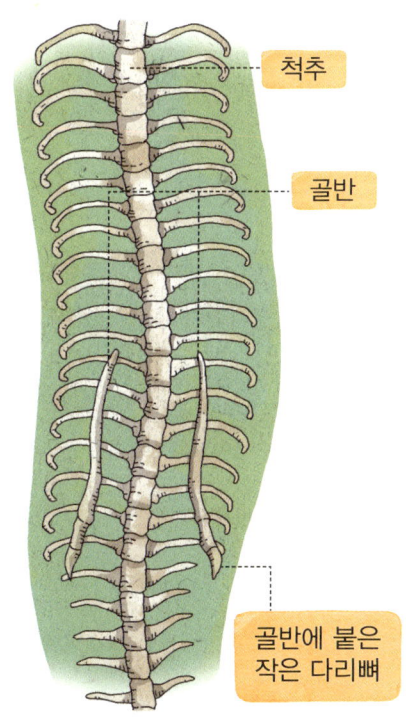

척추

골반

골반에 붙은 작은 다리뼈

"알아요. 공룡 화석에 대한 자료를 많이 봤어요."

"그래, 화석에서 걸어 다니는 고래의 화석이 나왔단다."

다윈은 영식이에게 5천만 년 전 발이 달린 육상 포유동물로부터 바닷속 포유동물로 진화해 온 모습이 있는 자료를 보여 줍니다.

"영식아, 위 자료에서 고래와 육상에 살던

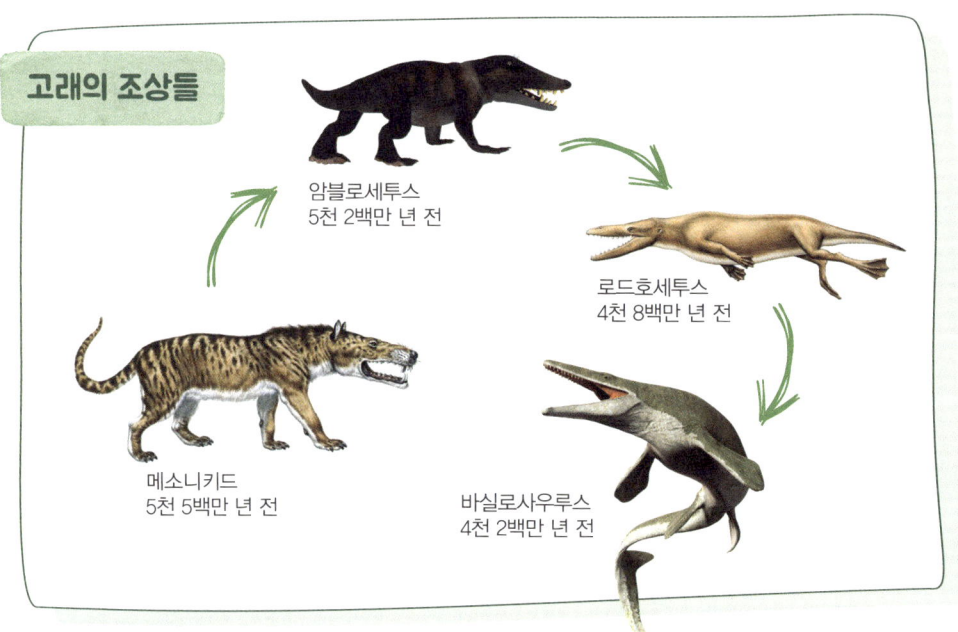

고래의 조상들
암블로세투스 5천 2백만 년 전
로드호세투스 4천 8백만 년 전
메소니키드 5천 5백만 년 전
바실로사우루스 4천 2백만 년 전

고래의 조상 간의 중간 단계 화석이 발견됨으로써 고래가 수중 생활에 적응하는 모습을 학자들이 알게 되었단다. 서서히 뒷다리가 없어지는 화석이 있었지."

"우와, 신기해요."

"그런데 영식아. 하나 더 흥미로운 사실은 지금의 고래도 다리를 다시 가질 수 있는 능력이 유전적으로 남아 있다는 사실이다. 가끔 뒷다리가 있는 고래가 발견되고 있기도 하거든. 자주 있는 일은 아니지만."

영식이는 다윈의 말을 듣고 신기해서 입이 떡 벌어졌습니다.

"그리고 영식아, 우리가 공통 조상에서 진화했다는 사실을 알 수 있는 근거로 상동 기관이라는 것이 있어."

"상동 기관?"

"상동 기관이라는 말은 같은 기관, 같은 모습, 비슷한 구조 정도로 이해하면 될 듯해. 일단 그림을 보자."

다윈은 영식이에게 사람과 토끼 그림을 보여 주었습니다.

"영식아, 사람과 토끼는 분명히 다른 동물이 맞지?"

"당연하죠."

"그런데 잘 관찰해 봐. 사람도 눈이 두 개, 토끼도 눈이 두 개. 사람 코 하나, 토끼 코 하나. 입 하나씩 귀 두 개씩. 똑같지. 이런 상태를 상동 기관이라고 말하는 거야. 만약 전혀 다른 종에서 진화되었다면 완전히 달라야 하지 않겠니?"

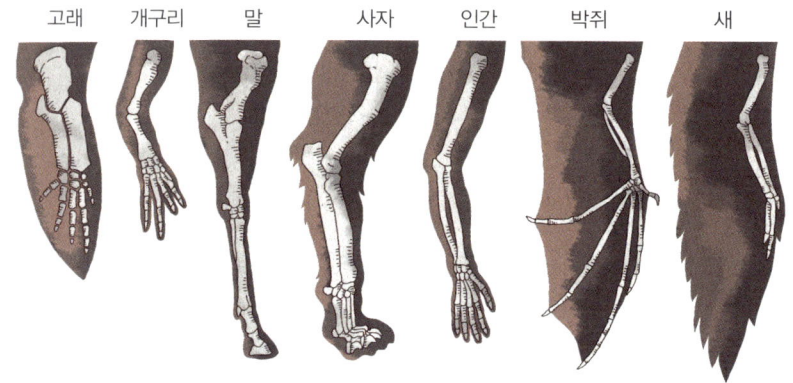

다윈은 대표적인 상동 기관의 그림을 영식에게 보여 주었습니다.

"고래의 지느러미, 동물의 앞다리, 사람의 팔, 그리고 박쥐의 날개와 새의 날개 등은 그 기원이 같아. 해부를 해 봐도 구조가 같다는 것을 알 수 있지. 또한 땅 위에 사는 척추동물의 폐와 물속에 사는 척추동물의 부레는 지금은 그 기능이 다르지만, 소화 기관의 일부에서 발생한 것이기 때문에 역시 상동 기관이야."

"정말 신기하네요. 이런 상동 기관이 생긴 이유가 뭘까요?"

"과학자들은 하나하나의 생물이 독립적으로 창조된 것이 아니라, 각각 변화된 환경에서 어떤 기능을 오래 반복하는 일이 계속되자 새로운 기능을 할 수 있도록 진화한 것이 아닐까 하고 생각하고 있지."

다윈은 마지막으로 진화의 흔적에 대해 이야기를 이어 나갔습니다.

"폰 베어라는 사람은 생물의 맨 처음 단계로 갈수록 그 모습이 서로 비슷하다는 것을 발견했어. 즉, 모든 생물은 비슷한 발생 과정을 거치는데, 물고기와 사람의 발생 원리는 동일할 것이라는 가능성을 발견한 것이지. 이것은 진화를 증명해 주는 또 다른 예란다. 고래의 경우 정자와 난자가 수정된 초기에는 아가미처럼 생긴 것이 나타났다가 사라져. 물속에서 생활하는 고래는 아가미를 발달시키는 것이 유리하지만, 고래가 원래는 육지에 사는 동물이었기 때문에 다른 육지 포유류와 마찬가지로 아가미와 같은 조직이 일시적으로 나타났다가 사라진 거야."

다윈은 영식이에게 또 다른 그림을 한 장 보여 주었습니다.

"다음에는 우리 인간의 진화 방향에 대해 알아보자."

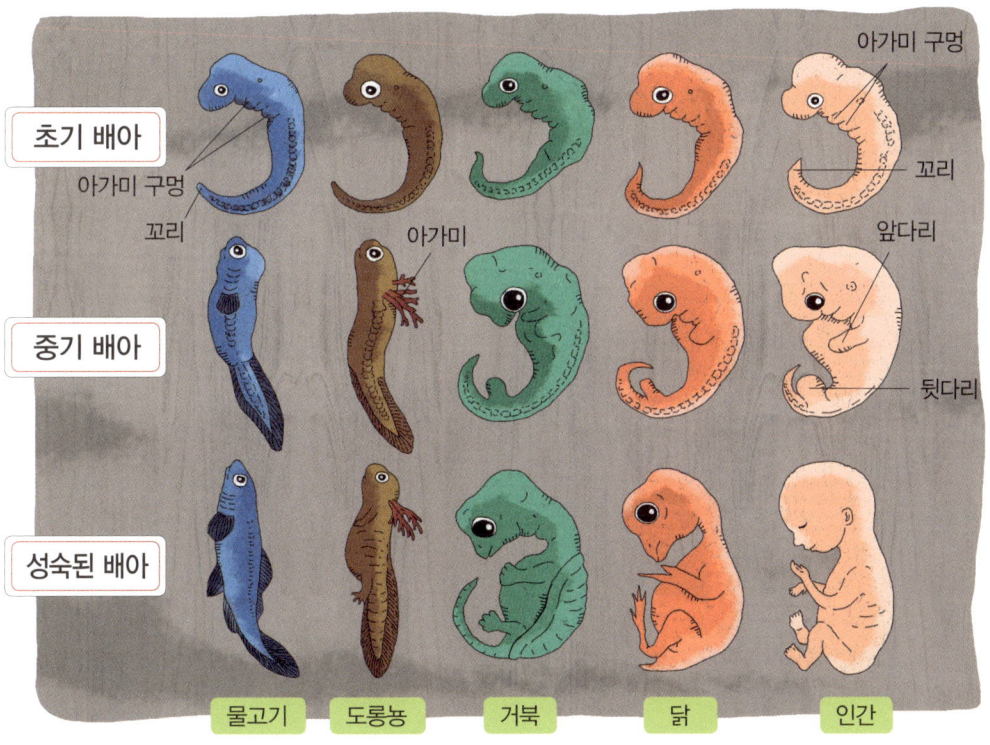

포노 사피엔스도 진화의 결과물

'포노 사피엔스(Phono Sapiens)'라는 말이 있습니다. 어느덧 스마트폰은 우리 생활에 없어서는 안 될 필수품으로 자리 잡았습니다. 이에 스마트폰 없이 생활하는 것이 힘들어지는 사람이 늘어나자 '호모 사피엔스'에 빗대어 '포노 사피엔스(전화를 사용할 수 있는 지혜가 있는 인간)'라는 말이 생겨났습니다.

포노 사피엔스라는 새로운 명칭이 나올 만큼 스마트폰은 지난 10년 사이 전 인류의 생활에 크나 큰 변화를 불러온 도구가 되었습니다.

스마트폰이 나오면서 관련 산업도 바뀌고 있습니다. 125년의 역사를 자랑하는 미국 시어스(Sears) 백화점이 파산하고 아마존이 세계 유통 산업의 최강자로 떠오르거나 TV보다는 유튜브 시청자가 더 많이 늘면서 '유튜버'라는 신종 직업도 생겼습니다. 또한 스마트폰으로 은행 업무를 해결하면서 은행 지점들이 점점 없어지고 있으며, 스마트폰 하나만 있으면 원하는 물건을 사거나 팔 수도 있습니다.

이러한 변화를 받아들이지 못하면 진화론적으로 도태되어 버릴 가능성이 많습니다. 따뜻한 커피 전문점에 앉아 모바일 앱으로 택시를 부르는 사람이 있는 반면, 추운 겨울에 도로변에서 손을 들어 택시를 잡는 사람이 있습니다. 클릭 한 번으로 집 앞에 주문한 물건이 놓이는 시대인데, 굳이 무거운 물건들을 상점에서 집까지 들고 가는 사람들도 있습니다.

이러한 혁명의 변화는 모두 스스로 선택한 것입니다. 스스로 선택하여 변하는 것을 진화라고 합니다. 손 안의 스마트폰이 인류의 진화를 가속화하고 있는 세상입니다.

'포노 사피엔스'를 새로운 진화라고 생각한다면, 아직 포노 사피엔스가 되지 못하여 진화하지 못한 사람들은 어떻게 될 것인지 각자의 생각을 나누어 봅시다.

줄 긋기

 다음 핀치새의 부리 모습을 잘 관찰한 뒤 핀치새가 먹는 먹이와 짝지어 봅시다.

1 ★　　★ ㄱ 곤충

2 ★　　★ ㄴ 열매나 씨

3 ★　　★ ㄷ 나무 속 벌레

4 ★　　★ ㄹ 선인장

정답: ①—ㄹ, ②—ㄴ, ③—ㄱ, ④—ㄷ

다른 관점으로 진화 바라보기

영식이는 다윈에게 진지하게 물어보았습니다.

"진화는 왜 일어나는 걸까요? 특히 인간의 진화 말이에요."

"이제야 물어보는구나. 진화는 왜 일어나는 걸까?"

다윈은 하늘을 보며 말했습니다.

"약 40억 년간 생물이 변화하면서 인간이 탄생하였다. 그런데 저 구름도 40억 년 넘게 변했지만 왜 그대로일까?"

영식이는 다윈의 말에 뭔가 이상하다는 느낌이 들었습니다. 다윈은 오늘따라 진지했습니다.

"인간이 된다는 것은 수많은 기적이 쌓이고 쌓여야만 가능하다는 뜻이지."

"수많은 기적, 그리고 오랜 세월……."

"그게 바로 진화의 기적이란다. 영식아. 진화와 변화는 전혀 다르다. 구름은 변하지만 생물은 진화하거든."

다윈이 모래 알갱이를 손에 올려놓았다가 부숴뜨려 떨어뜨리며 말했습니다.

"먼 옛날 지구에서 무생물은 느린 속도로 점점 복잡해져 갔고, 마침내 생물이 되었다."

"무생물이요?"

"응, 우리는 아미노산 같은 것을 생물이라고 부르지 않잖아."

다윈이 기침하는 시늉을 하며 말을 이었습니다.

"반면 감기 바이러스 같은 것들은 가만히 내버려 두면 언제까지고 그 상태에 머물러 있어. 스스로 복제를 할 수 없기 때문이지. 따라서 생물이 아니라 그냥 물질에 불과해. 하지만 생물체의 몸 안에 들어가면 이놈도 생명체처럼 움직인단다. 우리가 아픈 게 그 때문이란다."

"나쁜 놈들이네요."

영식이는 약간 화가 났나 봅니다.

다윈은 화난 영식이의 입을 보며 웃었습니다.

"하하하, 입에 대한 이야기를 해 줄게. 모든 동물은 동그란 공에 구멍을 뚫은 것 같은 기본 구조를 가지고 있단다. 인간도 마찬가지지. 이 구멍의 입구를 우리는 입이라고 부른다."

"그럼 반대쪽은 똥구멍이네요."

"그렇지. 앞으로는 나아가면서 먹이를 먹고 뒤로는 배설해야 하기 때문이다."

다윈이 영식이에게 송곳니를 보여 달라고 했습니다.

영식이가 송곳니를 보여 주자, 다윈이 영식이에게 자신의 송곳니를 보여 주었습니다. 그런데 다윈의 송곳니는 영식이의 송곳니보다 더 작았습니다.

다윈이 말했습니다.

"인류는 진화하면서 송곳니의 크기가 작아지기 시작했어. 침팬지의 경우는 어금니보다 송곳니가 훨씬 커. 반면 인간은 송곳니보다 어금니가 크지."

"왜 그런 건가요?"

"영식이는 여자 친구가 있니?"

"아직요."

"그런 이빨을 가지는 것은 사랑의 결과란다."

"사랑의 결과라고요?"

"침팬지의 송곳니가 유난히 큰 이유는 암컷을 차지하기 위해 수컷끼리 격렬하게 싸우기 때문이지. 하지만 인간들은 여자를 사귀기 위해 서로 물고 뜯고 싸울 이유가 없거든. 그래서 자연은 그런 식으로 진화한 거다."

갑자기 영식이가 무슨 생각이 났는지 다윈에게 물었습니다.

"박사님, 이러한 진화는 왜 일어나는 거죠?"

"오우, 좋은 질문이다. 폭발적인 진화는 캄브리아기에 일어났는데, 그 이유는 **뼈**와도 관계가 있지"

"뼈요? 치킨 다리뼈 같은 뼈 말인가요."

"그래, 뼈는 동물들의 진화와 밀접한 관계가 있단다. 진화가 서서히 이루어질 때의 동물들은 몸이 작고 부드러웠다."

"그러다가요?"

"최초의 물고기는 턱이 없었어. 그들은 물속에 포함된 플랑크톤 등을 걸러 먹는 데에 의존했지. 그런데 아가미의 일부가 변해 턱과 이빨을 가지게 되었단다. 이때부터 턱을 닫아서 먹잇감이 도망하지 못하게 하면서 이빨로 먹잇감을 찢거나 씹는 것이 가능해졌어. 턱의 발달로 먹고 먹히는 경쟁이 시작되었고, 물속의 포식자를 피하기 위해서 일부 어류가 육지로 진출해서 육상 동물의 조상이 된 거야."

다윈이 초롱초롱한 영식이의 눈을 바라봤습니다.

"이제 눈의 진화에 대해 이야기해 줄까?"

"좋아요."

다윈이 웃으며 말했습니다.

"영식아, 눈의 역할이 뭔 것 같니?"

"저를 무시하는 거예요?"

"설마."

"눈은 보는 거잖아요."

"그것 봐. 인간의 관점에서만 생각하잖아."

"그게 무슨 말이세요?"

"귀로 보는 동물도 있어."

"말도 안 돼. 어떻게 귀로 볼 수 있나요. 귀는 듣는 거잖아요."

다윈 박사의 진화+

입의 진화, 말을 하는 특별한 인간

말을 할 수 있다는 것은 인간의 가장 큰 특징이에요. 말은 입으로 하는 것인데, 다른 동물들도 입이 있지만 유독 인간만 말을 할 수 있는 이유가 무엇일까요?

그 이유는 입술에서 찾을 수 있어요. 동물들이 몇 가지 울음소리를 낼 수는 있지만 말을 할 수 없는 이유는 입술이 없기 때문이에요. 또 말을 하기 위해서 필요한 것은 아래턱이에요. 아래턱에는 말을 할 때 필요한 근육이 붙어 있는데, 그 턱이 움직여서 다양한 입 모양을 만들 수 있는 것이랍니다. 그리고 다양한 소리를 낼 수 있으려면 성대가 발달해야 하는데, 사람의 성대가 발달할 수 있게 된 것은 곧게 설 수 있게 되었기 때문이에요.

결국 사람의 목구멍은 곧게 서지 못하는 다른 동물들의 목구멍과는 달리, 곧게 서면서 구조가 변하는 바람에 성대에서 많은 소리들을 낼 수 있게 된 것이랍니다.

"야행성 조류인 올빼미를 알고 있니?"

"네, 그림책에서 봤어요."

"그래, 올빼미는 밤에 사냥을 한단다. 그런데 깜깜한 밤이니 아무 것도 보이지 않겠지?"

영식이는 깜깜한 밤, 아무것도 보이지 않는 상태에서 사냥을 한다는 것이 상상이 되지 않았습니다.

"따라서 올빼미는 소리를 통해서 사냥감을 보게 된단다. 사냥감이 움직이는 소리가 왼쪽에서 나면 왼쪽 귀를 움직이고 오른쪽에서 들리면 오른쪽 귀를 움직인단다."

"그건 보는 게 아니라 듣는 거잖아요."

"허허, 자꾸 인간의 관점에서만 생각할래? 다른 생물들의 시각에서 볼 수 있어야 진정한 과학자가 될 수 있단다. 본다는 것은 사물의 위치를 알아내는 거야. 그것이 바로 보는 기능이지."

"그렇게 생각하니 이제 이해가 가네요."

"그렇지, 그리고 눈은 위치를 알기 위한 기능과 형태를 파악하는 기능을 같이 한단다."

"그럼 올빼미는 귀를 통해서 형태도 파악한다는 말씀이세요?"

"그래서 내가 귀를 통해서 본다는 말을 한 것이지. 귀에 들리는 소리의 크기를 통해 사물이 얼마나 멀리 있고, 사물의 크기가 어느 정도인지 보게 된단다. 생각해 봐. 올빼미가 사냥감을 향해 달려들었는데 크기를 보지 못했다면 어떻게 되겠니. 자신보다 훨씬 큰 사물을 공격하다가는 오히려 자기가 당하잖아. 영식아. 올빼미가 왜 귀를 통해서 보게 되었는지 이제 알겠니?"

"깜깜한 밤에는 눈이 제 역할을 못하니까 귀로 볼 수 있게 진화된 것이군요!"

"미래의 인류학자 영식이는 역시 대단하구나."

다윈의 칭찬에 영식이는 어깨를 으쓱했습니다.

"영식아, 이렇게 또 다른 방법으로 사물을 보는 동물에는 어떤 것이 있을까?"

영식이는 생각이 날 듯 말 듯 머뭇거렸습니다.

다윈이 영식이에게 힌트를 주기 위해서 검은 망토를 걸쳤습니다.

"박사님, 무서워요. 혹시 드라큘라?"

"하하하, 드라큘라는 소설 속 인물이잖니. 정답은 박쥐란다."

"박쥐요?"

"그래, 박쥐는 캄캄한 동굴에 살고 있잖아. 그리고 역시 먹이를 구하기 위해 밤에 돌아다니고."

"그러면 박쥐 역시 눈으로 사물을 보기는 틀렸네요."

"그렇지. 그래서 박쥐는 초음파로 사물을 본단다."

"박쥐가 갑자기 멋져 보여요. 초음파라고 하니 뭔가 첨단 과학 같은 느낌이 들고요."

"박쥐가 사용하는 초음파 방법이 알고 싶지 않니?"

"당연히 알고 싶죠."

"박쥐가 보는 원리는 아주 간단해. 자신의 입에서 초음파, 쉽게 말하면 소리를 내는 거야. 그 소리가 사물에 부딪혀 돌아오는 음을 듣고 그 물체의 위치와 형태를 알아내는 것이지."

"부딪혀서 돌아오는 소리를 분석하여 어떠한 물체인지 알아낸다는 게 신기해요."

"그렇지. 진화란 그 동물이 살아온 환경에 적응하면서 변해 가는 거야. 진화는 지금 이 순간에도 서서히 이루어지고 있다는 것을 항상 알아 두도록 해라."

"그럼, 지금 이 순간에도 인간들은 알게 모르게 천천히 진화하고 있다는 말인가요?"

"맞는 말이다. 단지 그 속도가 너무 느리기 때문에 아마도 본인이 살아 있는 동안은 알아차리지 못할 것이지만 말이야."

"그러니까, 나는 분명히 자라나고 있지만 하루하루라는 짧은 시간에는 느끼지 못하는 것처럼요?"

"우리 영식이, 과학자가 다 됐구나."

"인간의 진화 과정을 배우는 것이 너무 재미있어요."

"그래, 하지만 인간만이 진화하는 것이 아니기 때문에 다른 동물과 연관시켜 생각해 보는 것이 진정한 과학도의 모습이란다."

영식이는 생각했습니다. 박쥐가 맨눈으로 깜깜한 동굴 속을 다녔다면 머리에 혹이 백 개도 더 났을 것을 생각하니 웃음이 나왔습니다.

"영식아, 많은 동물들이 여러 방법으로 보도록 진화되었지만 인간처럼 빛을 활용해서 보는 것이 가장 좋아. 빛은 일단 속도가 엄청 빨라서 빛을 통해 보는 것이 주변에서 일어나는 일을 가장 빠르게 알 수 있는 방법이란다. 또한 빛을 사용해서 보면 주위의 매우 작은 것까지 확인할 수 있어. 그래서 인간을 비롯하여 많은 동물들이 눈을 통해 보는 방법으로 진화를 선택했던 거다."

"아주 유익한 시간이었어요. 하지만 너무 많은 양을 공부하다 보니 좀 지쳐요. 내일 다시 인간 몸의 진화에 대해 마저 듣고 싶어요."

"하하하, 그러자꾸나."

진화의 방향

다윈과 영식이는 숨을 들이마셨습니다. 맑은 공기가 폐 안으로 들어오니 기분이 상쾌했습니다.

"영식아, 오늘 이야기는 폐로 시작하자."

"폐요?"

우리 몸속에는 두 개의 풍선이 있는데 그것이 폐입니다. 숨을 쉬기 위한 우리 몸의 도구입니다. 폐는 허파라고 부르기도 합니다. 폐는 풍선처럼 근육이 없기 때문에 스스로 움직이지 않습니다. 속에는 공기가 없어서 숨을 들이마시면 늘어나고 숨을 내쉬면 줄어듭니다. 풍선과 다른 점이 있다면 속이 비어 있는 것이 아니라 마치 고무 스펀지와 같은 모양을 하고 있다는 것입니다.

"영식아, 혹시 어항 속의 금붕어가 숨을 쉬기 위해 물 위로 가끔 올라오는 장면을 본 적이 있니?"

"네, 본 적 있어요. 그런데 금붕어는 물고기라서 아가미로 호흡을 하잖아요. 그런데 굳이 공기를 마시기 위해 물 위로 얼굴을 내미는 이유가 뭘까요?"

"그게 바로 진화 중이라는 거다. 금붕어의 아가미는 완전히 물속 생활에 적응된 상태가 아닌 것이지. 그런데 아가미 말고도 폐로도 호흡하는 물고기가 있단다."

다윈이 물고기 사진을 보여 주었습니다.

실러캔스

폐어

"영식아, 아주 오래 전에는 물에 빠져 죽는 물고기들도 있었단다."

"푸하하, 물고기가 물에 빠져 죽어요?"

"그 당시 물고기 중에는 폐로 호흡을 하는 놈들이 더 많았어. 그러다가 물속 생활에 적응하면서 아가미가 생겨나고 물에 빠져 죽는 물고기들이 없어진 것이지. 이것 역시 진화의 결과야."

"그럼 물고기의 폐는 어디로 사라졌나요?"

"아주 좋은 질문이야. 폐는 진화하여 부레라는 기관으로 바뀌게 되었단다. 부레에 공기가 들어가면 물고기가 잘 뜰 수 있거든."

다윈의 말에 따르면, 인간은 육지에서 생활하기 때문에 폐가 더욱 발전하도록 진화되었다고 했습니다.

생물이 육지로 올라오면서 폐가 진화한 것이 아니라 폐가 진화된 후에 진화된 놈들이 육지로 올라오게 된 것이라고 했습니다.

"물고기가 진화하여 육지 생활을 하려면 뭐가 필요할 것 같니?"

영식이는 잠시 생각하다가 바로 말했습니다.

"다리요!"

"옳지. 바로 다리다. 이제부터 다리의 진화에 대해 알아보자."

다윈이 그림을 보여 주었습니다. 그런데 그림이 이상합니다.

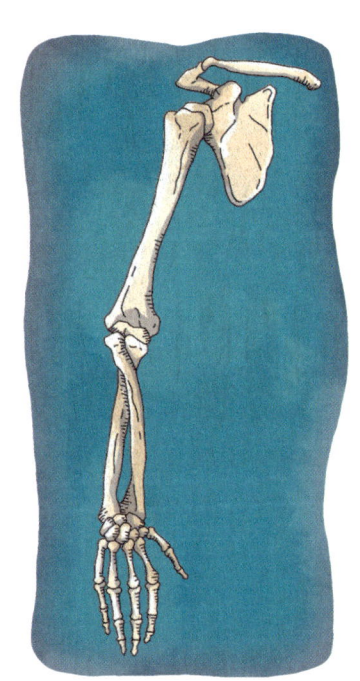

"저 뼈 그림은 다리뼈가 아니고 팔뼈 잖아요."

"그렇지. 하지만 지느러미의 진화를 설명하기 위해서는 팔뼈 이야기를 안 할 수 없어서……."

다윈은 그림처럼 팔뼈가 두 개인 이유

다윈 박사의 진화+

왜 부레가 진화하여 허파가 되지 않았을까?

물고기의 진화 과정을 보면 연골 어류(약한 뼈를 가진 물고기 무리)까지는 허파나 부레가 없고 경골 어류(강한 뼈를 가진 물고기 무리)부터 허파나 부레가 있어요. 그중에서도 많은 물고기들은 공기 호흡 기관인 허파를 가지고 있답니다. 이는 처음에는 허파를 가진 물고기가 부레를 가진 물고기로 진화한 것으로 해석할 수 있는 것이에요.

어류의 선조들이 살았던 민물은 상황이 그리 좋지 않았어요. 산소의 농도가 오락가락하는 건 가장 힘든 일이었어요. 아가미만 가지고 호흡하기가 너무 힘들었어요. 폐어가 등장한 데본기 무렵에는 전체적으로 기온이 높았고, 종종 습지가 메말랐던 환경이었어요. 물에서 사는 어류들은 물속의 산소량이 부족했죠. 이를 보충할 수 있는 방법은 공기 중에 풍부한 산소를 이용하는 것이었어요. 이때부터 부레로 진화하기 시작했어요. 원시적인 형태의 폐를 더 적극적인 호흡 기관으로 발전시킨 거죠.

부레는 몸속에 있는 공기 주머니로서 물속에서 위아래로 이동하는 데 쓰이는 기관이에요. 물고기의 경우 깊은 물속에서 더 큰 부력을 받아요. 물속에서 아래로 내려가려면 부레 속의 공기를 빼내고 물속에서 위로 올라가려면 부레 속에 공기를 채워 상대적으로 얕은 곳으로 이동하는 거랍니다.

를 설명해 주었습니다.

"왜 이렇게 진화된 것 같니?"

"……."

"너무 어려운 질문이었나 보구나. 아래팔에 뼈가 두 개 있으면 아주 편리해. 팔꿈치를 움직이지 않고도 손바닥을 간단히 뒤집을 수 있도록 해 주거든. 아래팔뼈가 하나라면 그런 일을 할 수 없단다."

다윈은 다시 이상하게 생긴 물고기 사진을 영식이에게 보여 주었습니다. 너무나도 못생긴 물고기였습니다.

"이 못생긴 물고기는 뭔가요?"

"음, 이 물고기는 씬벵이라고 해. 현재 살고 있는 물고기다."

"이 물고기가 왜요?"

"음, 이 물고기는 지느러미를 이용하여 바다 밑바닥을 걸어 다닌단다."

"네? 물고기가 걸어 다닌다고요?"

"씬벵이라는 물고기가 지느러미를 다리처럼 쓰듯, 다리 역시 육지를 걸어 다니는 것 외의 용도로 쓰일 수 있다는 뜻이지. 그게 바로 진화의 목적이거든. 심지어 폴립테루스 세네갈루스라는 물고기는 폐가 있어서 공기 호흡도 가능한데 몇 년 전 캐나다의 연구 팀에서 물고기를 땅에서

발 달린 물고기

2004년 북극 엘스미어에서 발이 있는 물고기의 화석이 발견됐어요. 바로 3억 7500만 년 전 지구에 살았던 '틱타알릭(Tiktaalik)'이에요. 틱타알릭은 어류와 육상 동물의 중간 단계에 해당하는 화석으로 어류에서 양서류로, 물에서 뭍으로 생명이 진화했다는 증거예요.

틱타알릭은 물고기처럼 등에 비늘이 있고 물갈퀴가 달린 지느러미가 있어요. 하지만 초기 육상 동물처럼 머리가 납작하고 목을 지니고 있으며, 갈퀴막이 달린 지느러미 안을 들여다보면 위팔과 아래팔이 있고, 심지어 손목에 해당하는 뼈와 관절도 있어요. 사람의 팔다리 구조의 기원은 대체로 이런 '발을 가진 물고기'의 지느러미로 거슬러 올라가요. 손목을 안팎으로 구부리거나 주먹을 쥘 때 사용되는 관절은 틱타알릭이 나타나기 전에는 존재하지 않았답니다. 틱타알릭 이후에는 동물의 팔다리에 항상 이런 관절들이 존재한답니다.

틱타알릭 화석(위)과 틱타알릭 복원 모습(아래)

기르는 실험을 해 봤어. 그랬더니 폴립테루스 세네갈루스는 지느러미로 걷기 시작했지. 해부 결과 물에서 자란 동족보다 지느러미와 관련 있는 가슴뼈가 더 길게 변화된 것을 알 수 있었어. 다만 이 경우는 용불용설이라고 해서 진화와는 다른 경우로 취급된단다."

"용불용설이요? 그거 저도 알아요."

"그래? 용불용설에 대해서는 조금 있다가 다시 얘기해 줄게."

갑자기 다윈 박사가 머리를 숙이며 소리쳤습니다.

"앗, 공룡이다."

영식이는 다윈 박사가 공룡이라는 말에 덩달아 머리를 숙였지만 머리를 들자 이게 뭡니까?

"박사님, 장난치지 마세요. 저게 무슨 공룡이에요. 비둘기잖아요."

"하하하, 비둘기의 조상이 공룡이니까."

"그건 또 무슨 말이지요?"

"새는 공룡에서 진화했거든."

"믿기지가 않아요."

"그게 바로 과학하는 자세다. 그 증거를 제시할게."

다윈 박사가 사진을 한 장 보여 주었습니다.

"유티란누스 후알리라는 공룡이야. 중국에서 발견된 이 공룡 화석에서는 선명한 깃털 자국이 발견되었어. 깃털은 공룡의 진화된 모습일 가능성이 매우 높아."

"그러면 공룡은 도마뱀과 같은 파충류의 조상이 아니란 얘기인가요?"

"공룡은 지금까지 변온 동물인 파충류의 조상으로 여겼지. 그런데 최근에 와서는 항온 동물이었다는 연구 결과가 발표되고 있어. 항온 동물인 조류와 더 연관성이 깊다는 얘기란다. 그래서 공룡은 지금까지 알고 있던 파충류의 조상이 아니라 조류의 조상이라고 여겨지는 거지."

영식이는 큰 충격을 받았습니다. 영식이의 머릿속에는 몸에 깃털을 잔뜩 두른 공룡들의 모습이 떠올랐습니다. 머리가 어지러웠습니다.

뇌의 진화

갑자기 다윈이 영식이의 머리를 가리켰습니다.

"인간의 몸 중 가장 중요한 것이 바로 뇌가 아닐까?"

"마…… 맞아요. 인간은 뇌 때문에 세상의 지배자가 된 셈이거든요."

"우리 영식이가 잘도 아는구나. 그럼 이제부터는 그 뇌의 진화에 대해 알아보자."

다윈은 인간의 뇌가 발달한 이유를 설명했습니다.

"영식아, 인간의 뇌는 보통 1,350cc 정도인데 우리랑 공통 조상을 가지고 있는 침팬지의 뇌는 약 400cc밖에 되지 않아."

"인간의 뇌가 침팬지의 뇌보다 훨씬 크네요."

"인류의 진화에서 최초로 일어난 일이 바로 뇌의 크기가 급속도로 커진 일이지."

다윈의 말에 영식이는 인간의 뇌가 왜 커졌는지 알고 싶어졌습니다. 다윈도 영식이가 뭐가 궁금한지 눈치를 챘습니다.

"영식아. 인간은 침팬지랑 공통 조상에서 나누어졌지만 진화하면서 두 발로 서서 다니게 되었단다. 그 결과 양손을 자유롭게 사용하게 되었고, 뇌가 점점 커지는 결과를 가져오게 된 거야. 손을 얼마나 정밀하게 사용하느냐에 따라 뇌의 발달에 영향을 주었지."

"와우."

"하지만 인류의 뇌에도 약점이 없는 것은 아니다. 뇌의 크기는 우리 몸의 크기에 비하면 2%밖에 되지 않지만 몸 전체에 쓰는 영양분의 20% 이상을 써 버려. 너무 많은 영양분을 먹어 버리지."

"그럼 침팬지가 뇌를 발전시키지 못했던 이유도 있네요. 먹는 것이 변변치 못한 환경에서 살아나려면 영양분을 많이 필요로 하는 큰 뇌는

불리했기 때문인 거네요?"

"우리 영식이 최고다. 그게 바로 진화의 목적이지. 인간의 뇌는 도구를 사용하여 고기를 먹게 되면서 영양분을 충분히 공급 받아 커질 수 있었지."

뭔가 또 다른 의문이 생겼는지 영식이가 질문을 했습니다.

"그런데 인간은 왜 두 발로 서게 되었나요?"

"그건 사랑 때문이라는 말도 있어."

"네? 사랑 때문에 인간이 걸어 다니도록 되었다고요?"

"많은 과학자들이 그런 주장을 하지. 새끼를 키우는 암컷에게 식량을 많이 가져다주기 위해 손을 많이 사용하게 되었다고."

"우와, 신기해요. 사랑의 힘으로 인간이 걷게 되다니."

"진화의 목적은 자신의 종족을 좀 더 편하게 남기기 위함도 있으니까, 결코 틀린 말이 아니란다."

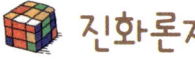 진화론자의 이야기

영식이의 눈에는 눈물이 그렁그렁했습니다. 이제 다윈이 미래로 돌아가야 할 시간이 되었거든요.

"우리 언제 다시 볼 수 있을까요?"

"아마도 보기 힘들지 않을까? 나도 정든 영식이와 헤어진다고 생각하니 마음이 아프구나. 그래서 말인데, 우리가 이제까지 배운 진화에 대한 모든 것을 다시 한 번 정리해 보고 싶구나."

다윈의 마음을 이해한 영식은 고개를 끄덕였습니다.

"우리는 살아 있는 동안은 끊임없이 변한다는 것을 명심해야 해."

"네."

"옛날 사람들은 시간이 지나도 생물은 변하지 않는다고 생각했어. 그래서 신이 생물을 탄생시켰다는 창조설이 생기게 된 것이란다. 하지만 우리는 지금 이 순간에도 조금씩 변해 가고 있단다. 그래서 인간을 포함한 모든 생물은 하루하루 최선을 다해 행복하게 살아야 하는 거야."

영식은 행복하게 살아야겠다고 다짐했습니다.

"영식아, 아까 잠깐 얘기 나왔지만 다윈의 진화론에 앞서 라마르크라는 학자가 주장한 용불용설이란 말을 들어 보았니?"

"네, 과학책에서 읽었어요. 기린 같은 경우 목을 많이 쓰면서 목이 길어졌다는 이야기잖아요."

"우리 영식이 제법인 걸?"

다윈이 엄지 척을 하면서 다시 물었습니다.

"그럼 그 이론의 단점도 잘 알겠구나?"

라마르크의 용불용설

기린은 일생 동안 높은 가지에 있는 잎을 먹기 위해서 목을 늘이는 것을 되풀이해 왔어요. 이러한 과정이 오랜 기간 이어지면서, 기린의 목은 점점 늘어나게 되어 지금과 같은 모습을 갖추게 되었어요.

이처럼 어떤 기관을 다른 기관보다 더 자주 쓰거나 계속 사용하면 그 기관은 점점 강해지고 발달하며 크기도 커지게 돼요. 반대로 어떤 기관을 오랫동안 사용하지 않으면, 그 기관은 점차 약화되고 기능도 줄어들거나 없어져서 결국 사라지게 된다는 학설이랍니다.

이러한 용불용설은 후천적으로 생물들이 얻는 것인데 이렇게 후천적으로 얻은 획득 형질은 후손에게 유전되지 않아서 아직 현대 진화 이론에서 받아들여지지는 않고 있어요.

원래의 목이 짧은 조상 → 높은 가지의 잎을 먹기 위해 계속 목을 뻗는다 → 계속…… → 진화적으로 목이 길어질 때까지 계속됨

"그 이론이 잘못되었다는 것만 알아요. 무슨 뜻인지는 정확히 알 수 없지만 획득 형질은 유전되지 않는다는 말을 본 적이 있어요."

"음, 그래도 그 정도면 대단한 거다. 획득 형질은 유전되지 않는다는 말은 후천적인 노력으로 만들어진 것은 다음 세대에 물려지지 않는다는 뜻이다. 가령……, 영식이가 어른이 된 뒤 보디빌딩 선수가 되었어. 그리고 결혼을 해서 아이를 낳았지만 그 아이는 너처럼 몸이 울퉁불퉁한 근육질로 태어나지 않는다는 뜻이지."

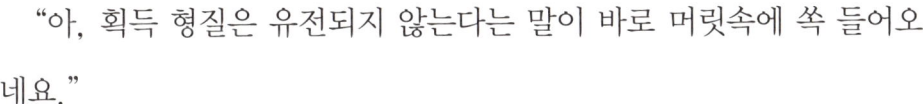

"아, 획득 형질은 유전되지 않는다는 말이 바로 머릿속에 쏙 들어오네요."

"다윈의 진화론에 나온 핀치새 말고도 유명한 코끼리거북의 이야기는 알고 있니?"

"코끼리거북이요?"

"갈라파고스섬에 사는 코끼리거북의 등껍질 역시 핀치새들처럼 사는 지역과 먹이 등 자신의 환경에 맞게 변한 예를 들 때 많이 등장한단다. 그림을 한번 보렴."

안장형
밑동 부분이 목질화된 식물 밖에 먹을 것이 없는 섬에서는 목을 위로 뻗어 목질화되지 않은 부분을 먹을 수 있도록 등껍질의 앞부분이 움푹 들어갔다.

돔형
땅에서 자라는 풀을 먹이로 삼을 수 있는 섬에서는 일반적인 등껍질 형태를 유지했다.

"이런 적응을 뭐라고 부른다고 했지. 영식아"

"기억나요. 자연 선택이요."

"역시 우리 영식이가 최고다."

다윈은 영식이에게 진화론자들의 이야기를 좀 더 해 주어야겠다고 생각했습니다.

"어떤 진화론자는 이런 이야기를 했단다. 프랑스 파리가 북반구에 있는 것이 사실이듯, 진화도 사실이다."

"당연한 이야기 아닌가요?"

"하지만 진화론자와 창조론자가 경쟁 관계였기 때문에 이런 주장도 나오게 된 것이란다."

다윈은 아름다운 장미 한 송이를 영식이에게 건넸습니다.

다윈의 자연 선택설

개체의 수가 많아지면 먹이와 생활 공간이 부족해져 생존 경쟁을 하게 됩니다. 이때 조금이라도 유리한 형질을 가진 개체가 환경에 잘 적응하여 살아남고 잘 적응하지 못한 개체는 도태되는데, 이것을 적자 생존이라고 해요.

다윈은 기린의 목이 길어진 까닭을 자연 선택설로 설명했어요. 그는 목의 길이가 다양한 기린 중에 목이 긴 기린이 높은 나무의 잎을 따 먹기에 유리하여 살아남게 되었고, 이러한 과정이 반복되면서 지금처럼 목이 길어지게 되었다고 설명했어요.

오랜 과거의 기린은 목의 길이가 다양하였다.

먹이 경쟁이 일어났다.

지금과 같이 목이 긴 기린만 살아남게 되었다.

"인간들은 의도적으로 진화를 시키기도 하지."

"그게 무슨 뜻인가요?"

"네가 들고 있는 그 장미는 좋은 품종을 선택하여 몇 세대를 개량시킨 거야. 이것도 하나의 짧은 진화에 해당한단다."

편협된 진화

다윈은 또 다른 사진 하나를 보여 주었습니다.

"영식아, 자연은 이렇게 짓궂은 장난도 친단다. 치와와와 그레이트 데인은 둘 다 한 꺼풀 벗기면 늑대이지만, 수백 년간 인간에 의한 인위

적인 선택이 진행되었지. 그 후 같은 종인데도 외모가 달라졌어. 지금 누가 이들의 외모를 보고 같은 종이라고 생각하겠니?"

"같은 종이라고요?"

"영식아, 종이라는 개념을 알고 있니?"

"종류 아닌가요?"

"생물학적으로 말하면 교배를 하여 새끼를 낳을 수 있으면 같은 종이라고 할 수 있지. 치와와와 그레이트 데인은 교배를 하면 새끼를 가질 수 있단다. 물론 둘 중 하나는 암컷과 수컷이 되어야 하지만."

다윈의 얘기를 통해 인간에 의해 천 년도 안 되는 기간에 큰 진화를 보게 된 생물을 알게 되었습니다. 인간들은 들개를 페키니즈로, 야생 양배추를 콜리플라워로 바꾸어 놓았습니다. 이것 역시 짧은 기간에 걸친 진화인 것입니다.

지구의 나이는 약 46억 년으로 추정됩니다. 우리의 어류 선조가 물에서 기어 나와 뭍에 오른 때로부터 지금까지는 약 3억 5000만 년이 흘렀습니다.

페키니즈와 들개의 차이가 어느 정도인지 대강 본 사람이라면 엄청난 세월의 결과가 충분히 물고기를 사람으로 변형시킬 수 있을 것이라고 짐작하게 될 것입니다.

"영식아, 진화론을 믿지 않는 사람들은 간혹 이런 말을 한단다. 원숭이가 사람 아기를 낳는다면 진화를 믿겠어요."

"그럼 아마도 진화론자들은 이렇게 말하겠지요. 진화는 그렇게 짧은 시간에 이루어지지 않는다라고요."

"역시 우리 영식이는 가르친 보람이 있어. 또 이렇게 대답해 주기도 하지. 원숭이에서 인간이 진화된 것이 아니라 원숭이와 인간의 조상이 같을 뿐이라고. 그 말은 치와와와 그레이트 데인의 모습은 완전 다르지만 그들의 공통 조상은 둘 다 같은 늑대라는 것을 생각하면 이해가 될 것이다."

다윈은 하늘을 쳐다보았습니다.

"영식아, 진화에 대한 좀 더 깊은 공부를 하려면 항상 진화의 관점을 사람 중심으로 생각해서는 안 돼. 원숭이보다 인간이 더 진화되었다는 생각은 인간 중심의 생각이라는 뜻이야. 원숭이 역시 원숭이 나름대로 현재에 가장 적합한 상태로 진화가 되어 있는 것이라는 것을 명심해야 한다. 그래야 다른 모든 생명체를 아끼고 사랑하게 된단다."

영식이는 다윈이 무슨 뜻으로 그런 말을 하는지 이해할 것 같았습니다. 육지로 나오지 않고 물속에 남아 있었던 어류들이 미개하다고 보면 안 된다는 뜻입니다. 그들 역시 물이라는 환경에 맞게 진화된 것이라는 뜻입니다.

"창조론자들은 단순한 하나의 세포가 복잡한 인간의 몸이 된다는 사실을 도저히 믿을 수 없다고 말하지. 영국의 과학자 홀데인 교수는 이렇게 답했단다. 우리 어머니들은 하나의 세포로 열 달 만에 완성된 생명체를 만들어 낸다고……."

영식이는 어머니들의 위대함에 감동해 자기도 모르게 박수를 쳤습니다.

이렇게 다윈과 영식이는 진화론에 대한 모든 이야기를 마쳤습니다.

다윈이 영식이를 끌어안아 주었습니다.

"영식아, 밥 먹으러 내려와라. 학교 늦겠다."

엄마 목소리가 들렸습니다.

잠에서 깬 영식이가 창문을 봤습니다. 창문이 열려 있었습니다. 분명 영식이의 몸에는 다윈의 온기가 남아 있었습니다. 영식이의 감각이 수백만 년의 진화를 거쳐 탄생된 만큼 이 온기는 틀림없는 다윈의 흔적일 것입니다.

"너, 이 녀석. 빨리 내려와서 밥 먹어. 엄마가 올라갈까?"

"아뇨, 제가 내려갈게요. 그리고 하나의 세포에서 저를 만들어 주셔서 고마워요. 사랑해요, 엄마."

진화론 vs 창조론

	진화론
전제	세상은 우연한 자연적 선택으로 이루어짐
시기와 시간	우주는 약 150~200억 년, 지구는 약 4억 6천만 년, 인간은 약 100만 년 전에 시작됨
현재 상태	인간을 포함한 생물의 진화 과정은 지금도 계속되고 있음
최초의 생명	바다에서 시작됨
지구 격변	지구는 현재와 같이 한결같이 고르게 변해 옴
인간	침팬지와 공통 조상으로부터 가지치기를 해서 하나의 종으로 진화함
인간의 위상	지금은 세상을 지배하지만 생물의 한 종에 불과함
종	생명체의 형태는 계속 진화하고 도태되며 변해 가는 과정 속에 있음
죽음	인간이 진화하기 오래전부터 존재함

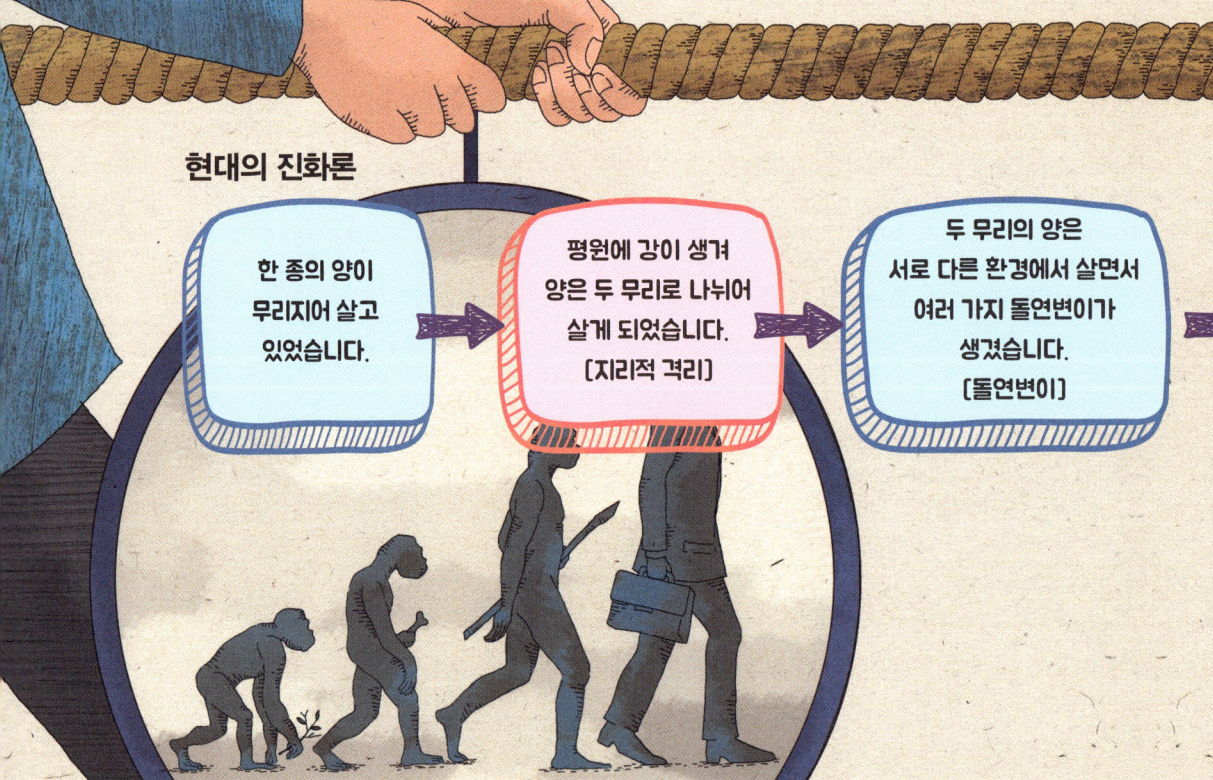

현대의 진화론

한 종의 양이 무리지어 살고 있었습니다. → 평원에 강이 생겨 양은 두 무리로 나뉘어 살게 되었습니다. [지리적 격리] → 두 무리의 양은 서로 다른 환경에서 살면서 여러 가지 돌연변이가 생겼습니다. [돌연변이]

	창조론
전제	조물주가 모든 것을 창조함
시기와 시간	세상은 6천 년 전에 약 6일간에 걸쳐 창조됨
현재 상태	창조는 완전히 이루어졌으며 더 이상 진행되지 않음
최초의 생명	땅에 있었음
지구 격변	지구 전체를 뒤덮은 대홍수의 격변이 있었음
인간	땅의 흙으로부터 창조됨
인간의 위상	모든 생명체를 다스리는 권리가 있음
종	종의 다양화는 가능하지만 처음부터 완전히 결정되어 구별되는 종류들이 있었음
죽음	죄를 지었기 때문에 죽음이라는 것이 생김

각 무리에서 환경에 적응한 개체가 자연 선택되었습니다. [자연 선택]

강이 사라져 같이 살게 되었지만 이미 서로 다른 종으로 분화되었습니다.

진화에는 시간이 얼마나 걸릴까?

맛있는 꿀이 가득한 꽃이 피어 있는 동산에 사는 나비들이 있었습니다. 나비는 알을 낳아 번식을 했고 애벌레 시절을 보낸 알들은 성충이 되었답니다. 그런데 그중 하나가 돌연변이였어요. 돌연변이라고 해 봐야 입이 1㎜ 정도 긴 사소한 것이었어요. 그 돌연변이 나비도 다른 나비들과 같이 조금 긴 입으로 씩씩하게 꿀을 빨아먹으며 살았어요. 다만 다른 나비와 다른 점은 다른 꽃의 꿀도 먹었다는 거예요. 맛있는 꿀이 가득한 꽃 사이사이에는 작은 꽃이 피었는데 꿀이 있는 꽃의 중심까지가 조금 더 길었기 때문에 다른 나비는 입이 채 닿지 않아 그 꿀을 먹지 못했고 이 녀석만 그 꿀을 독차지했어요. 그러나 꿀의 맛도 좋지 못했고 그 양도 적었어요.

그러던 어느날 이 동산을 개발하는 공사가 시작되는 바람에 동산은 갈아엎어지고 말았어요. 그 사이사이에 간간이 핀 꽃들의 꿀을 먹으려는 나비들이 꽃보다도 많았어요. 꽃들에 달려들어 꿀을 먹는 경쟁이 시작되었죠. 돌연변이의 후손들도 마찬가지였어요.

돌연변이의 후손들은 다른 나비의 후손들보다 좀 더 많이 퍼져 나갔어요. 이들은 꿀이 있는 곳까지의 깊이가 깊은 다른 꽃들도 열심히 빨며 다녔어요. 후손끼리 짝짓기를 해서 태어난 이들 나비는 다른 나비들보다 생존율과 번식률이 높았어요. 시간이 지나면서 이들이 서식하는 곳과 원래의 나비들이 서식하는 곳이 서로 달라지면서 자연스레 이 둘은 갈라지게 되었어요.

하나의 개체가 생겨날 때에는 여러 돌연변이가 일어납니다. 그런데 만약 돌연변이 나비들의 생존률이 일반 나비들보다 1%가 더 높아서 1% 더 많이 짝짓기를 한다면 어떻게 될까요? 100년이 지나면 일반 나비에 비해 2.7배 정도 더 많은 개체가 만들어집니다. 3백 년이 지나면 약 20배가 늘어나게 됩니다. 600년이 지나면 400배가 됩니다. 아주 작은 생존율, 아주 작은 번식률의 차이가 오랜 시간이 흐르면서 쌓이다 보면 어마어마한 결과를 낳는 것입니다.

진화는 이렇게 오랜 시간, 수많은 개체에서 진행되는 확률에 의해 이루어지는 것입니다.

돌연변이가 진화하여 새로운 종이 생겨난다면 '오랜 시간'이 진화에 얼마만큼의 영향을 미치는지 각자의 생각을 나누어 봅시다.

선 잇기

생명의 탄생에는 진화론과 창조론이 있어요.
각각의 내용에 해당하는 것을 찾아 진화론과 창조론에
연결해 보세요.

진화론

창조론

① 신

② 다윈

③ 생물은 변하지 않는다.

④ 생물은 끊임없이 변한다.

⑤ 인간은 동물과 다르다.

⑥ 인간은 동물과 같다.

정답: 진화론: ②, ④, ⑥ 창조론: ①, ③, ⑤

> 어려운 용어를 파헤치자!

단세포 생물 몸이 한 개의 세포로 이루어진 생물을 말해요. 세포 하나가 모든 생명 활동을 수행하는데, 아메바, 짚신벌레, 유글레나, 돌말, 효모, 세균 등이 이에 해당해요.

밀러의 실험 1952년 당시 대학원생이었던 스탠리 밀러는 수소, 메테인, 암모니아, 수증기를 플라스크에 넣고 물을 끓여 순환시키며 강한 방전을 일으키자 암모니아 등의 무기물이 화학 반응을 일으켜 간단한 유기물로 합성되었어요. 이를 통해 원시 대기의 조건에서 무기물로부터 유기물이 합성될 수 있다는 것을 증명해 냈어요.

부레 물고기의 뱃속에 있는 공기 주머니로, 물고기가 물속에서 가라앉지 않고 떠 있게 하는 역할을 해요. 부레가 없는 물고기는 물속에서 살아갈 수 없어요. 행동이 매우 불편하고, 조금만 물속에 머물러 있어도 바닥으로 가라앉아 죽고 말거든요. 따라서 물고기에게는 생존을 위해 없어서는 안 되는 중요한 기관이에요.

상동 기관 형태나 기능은 달라도 발생학적으로는 같은 기원을 가진 기관을 상동 기관이라고 해요. 즉, 기관의 기원은 같았는데, 환경이 바뀌면서 모양과 쓰임새가 달라진 것을 뜻해요. '과거에는 같은 역할을 했던 기관'인 것이죠. 사람의 팔, 말의 앞다리, 고래의 지느러미, 박쥐의 날개, 새의 날개 등이 상동 기관에 속해요.

상사 기관 상동 기관과는 달리 발생적 기원은 동일하지 않지만 기능이나 겉모습이 비슷하게 진화한 것을 상사 기관이라고 해요. 즉, 기관의 기원에는 차이가 있지만 같은 환경에 있다 보니 모양과 기능이 비슷해진 것을 말해요. '과거에는 달랐지만 현재에는 유사한 기관'인 것이죠. 곤충의 날개와 새의 날개는 하늘을 날 수 있는 기관이지만, 계통 발생적 기원이 달라요. 새의 날개는 앞다리가 변한 것이고, 곤충의 날개는 껍데기의 일부가 변해서 생긴 것이기 때문이랍니다.

스트로마톨라이트 시아노박테리아에 의해 만들어진 층 모양의 줄무늬가 있는 암석이에요. 광합성을 할 수 있는 원핵 미생물인 시아노박테리아는 물을 분해해 대기 중에 산소를 방출, 지구를 생명이 살 수 있는 환경으로 만든 존재랍니다. 시아노박테리아는 오늘날 남세균으로 추정되며 성장 속도가 매우 느리기 때문에 지구 생명의 근원과 탄생의 역사를 밝힐 수 있는 열쇠로 알려져 있어요.

실러캔스 공룡보다 약 1억 년이나 빠른 3억 7500만 년 전에 나타났다가 8000만 년 전인 중생대 백악기까지의 바다에 생존하였던 원시 물고기예요. 공룡이 멸종한 6500만 년 전에 멸종된 것으로 알려졌고, 100여 년 전에 화석 실러캔스가 발견되었는데 1938년 말 남아프리카공화국의 코모로섬 근해에서 산 채로 잡혀서 세상을 놀라게 했어요. 실러캔스는 가슴지느러미와 배지느러미가 튼튼하게 발달하였고 전신이 크고 단단한 뼈 같은 비늘로 덮여 있어요. 헤엄칠 때에는 지느러미를 네 발로 걷는 것처럼 움직이지만 사람이 걸을 때 오른발과 왼팔이 짝지어 나가듯, 실러캔스의 지느러미도 반대쪽이 움직이면서 이동해요. 실러캔스는 원시적인 모습을 그대로 간직하고 있어 살아 있는 화석으로 불린답니다.

직립 보행 두 발로 걸으며 척추를 위로 꼿꼿이 세우고 걷는 것을 말해요. 호모 에렉투스는 직립 보행하는 인간이란 뜻이에요. 인류는 직립 보행을 함으로써 자유로워진 앞발로 도구를 만들어 사용할 수 있게 되었고, 불을 사용하여 고기를 익혀 먹으면서 충분한 단백질 공급으로 뇌의 용량이 커졌으며, 추운 곳에서도 살 수 있게 되었어요.

진화론 생물은 생활 환경에 적응하면서 단순한 것으로부터 복잡한 것으로 진화하며, 생존 경쟁에 적절한 것은 살아남고 그렇지 못한 것은 도태된다는 학설이에요. 다윈이 〈종의 기원〉에서 관찰 증거를 이용하여 '자연 선택'이라는 진화의 메커니즘을 제시하면서 출발했어요.

창조론 인간, 삶, 지구, 우주, 역사 등의 만물은 신적 존재인 조물주에 의해 만들어졌다는 이론이에요. '진화론'과 대립되는 이론이에요.

획득 형질 생물이 후천적인 환경 요인이나 훈련에 의하여 바뀐 성질이에요. 따라서 다음 세대로는 유전되지 않아요. 예를 들어 계속된 운동으로 다져진 탄탄한 근육질의 몸매는 후천적 운동 때문에 만들어진 근육 조직이지만 이것이 자식 세대로는 유전되지 않는답니다.

흔적 기관 동물의 기관 중에서 퇴화하여 원래의 기능을 잃어버리고 지금은 흔적만 남아 있는 기관을 말해요. 고래나 뱀에게는 발이나 다리가 없지만 몸속에는 다리뼈의 흔적이 남아 있어요. 사람의 몸에도 여러 흔적 기관이 남아 있는데, 귀를 움직이는 이각근, 꼬리뼈, 맹장의 충수 등이 대표적인 흔적 기관에 해당합니다.

진화론 관련 사이트

국립 과천 과학관 www.sciencecenter.go.kr
서울 대공원 근처에 위치한 과학 기술 정보 통신부의 소속 기관이에요. 자연사관에는 '인류의 진화' 체험 전시 코너가 있어서 유인원과 인류의 차이를 알아보고 인간이 현재 왜 이런 모습을 가지게 되었는지 탐구해 볼 수 있어요.

국립 중앙 과학관 www.science.go.kr
1990년에 개관한 우리나라 첫 국립 과학관입니다. 자연사관과 별도로 인류관이 있을 정도로 인류 진화의 역사에 대해 중점적으로 다루고 있어요. 단순한 진화의 역사 소개에 그치지 않고 미래의 인류에 대해서도 살펴볼 수 있습니다.

서대문 자연사 박물관 namu.sdm.go.kr
2003년에 문을 연 우리나라 최초의 공립 자연사 박물관입니다. 생명 진화관에서 생명의 탄생부터 지금까지의 진화 과정을 한눈에 확인할 수 있어요. 온라인 동영상 강연도 들어 볼 수 있답니다.

계룡산 자연사 박물관 www.krnamu.or.kr
국내에서 가장 큰 규모와 가장 많은 소장품을 자랑하는 자연사 박물관으로 46억 년 전 지구 탄생 이후 우리나라에서 살다가 사라져 간 수많은 생물들의 탄생과 활동, 멸종의 과정을 통해 진화를 몸으로 느낄 수 있는 공간이에요.

신나는 토론을 위한 맞춤 가이드

진화론에 대한 이야기를 재미있게 읽었나요? 지금까지 막연하게 알고만 있던 진화, 잘못 알고 있었던 진화에 대해 이제는 정확하게 알게 되었다고요? 그 전에 마지막 단계인 토론을 잊지 마세요. 토론을 잘하려면 올바른 지식과 다양한 정보가 바탕이 되어야 해요. 책을 다 읽고 친구 또는 부모님과 함께 신나게 토론해 봐요!

잠깐! 토론과 토의는 뭐가 다르지?

토론과 토의는 모두 어떤 문제를 해결하기 위해 의견을 나누는 일입니다. 하지만 주제와 형식이 조금씩 달라요. 토의는 여러 사람의 다양한 의견을 한데 모아 협동하는 일이, 토론은 논리적인 근거로 상대방을 설득하는 일이 중요합니다. 토의는 누군가를 설득하거나 이겨야 하는 것이 아니기 때문에 서로 협력해서 생각의 폭을 넓히고 좋은 결정을 내릴 때 필요해요. 반면 토론은 한 문제를 놓고 찬성과 반대로 나뉘어 서로 대립하는 과정을 거치지요. 넓은 의미에서 토론은 토의까지 포함하는 경우가 많습니다. 토론과 토의 모두 논리적으로 생각 체계를 세우고, 사고력과 창의성을 높이는 데 도움을 준답니다.

토론의 올바른 자세

말하는 사람
1. 자신의 말이 잘 전달되도록 또박또박 말해요.
2. 바닥이나 책상을 보지 말고 앞을 보고 말해요.
3. 상대방이 자신의 주장과 달라도 존중해 주어요.
4. 주어진 시간에만 말을 해요.
5. 할 말을 미리 간단히 적어 두면 좋아요.

듣는 사람
1. 상대방에게 집중하면서 어떤 말을 하는지 열심히 들어요.
2. 비스듬히 앉지 말고 단정한 자세를 해요.
3. 상대방이 말하는 중간에 끼어들지 않아요.
4. 다른 사람과 떠들거나 딴짓을 하지 않아요.
5. 상대방의 말을 적으며 자기 생각과 비교해 봐요.

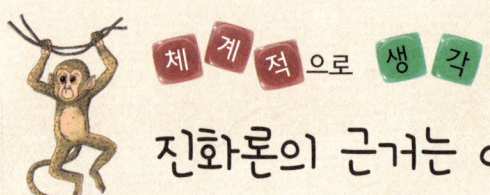

체계적으로 생각하기
진화론의 근거는 어떤 것들이 있을까요?

생물은 환경에 적응하면서 단순한 것으로부터 복잡한 것으로 진화하며, 생존 경쟁에 적합한 것은 살아남고 그렇지 못한 것은 도태된다는 것이 진화론의 핵심이에요. 진화론을 믿는 사람들은 몇 가지 근거를 통해 진화론을 지지하고 있어요. 그 근거를 살펴볼까요? 우선 화석상의 증거입니다. 생물이 죽은 후 퇴적물 속에 매몰되어 그 형태가 돌로 남아 있다가 발견되는 화석은 땅속 가장 깊은 층에서 가장 오래된 종이 발견되는데, 형태가 단순하고 종류도 적으며, 이들 대부분은 멸종된 것들이에요. 반면에 새로운 지층에서 발견되는 화석은 형태가 복잡하고 현재 생물과 비슷한 종들이 많습니다. 이들 화석들을 연대순으로 늘어놓으면 진화 순서와 맞아떨어져요.

또 다른 근거로 내세우는 것은 발생상의 증거예요. 척추동물은 종류는 달라도 초기의 발생 과정이 매우 비슷해요. 모든 동물들의 배아는 동일한 모양으로 시작해서 동일한 발생 단계를 거쳐요. 사람은 수정 후 3주가 지나면 아가미가 생겨요. 이와 마찬가지로 다른 동물도 예외 없이 발생 초기에 아가미 틈과 꼬리를 갖습니다. 이를 통해 척추동물은 공통 조상으로부터 진화해 왔다는 것을 알 수 있어요.

한편 여러 가지 생물의 구조와 기능을 비교해 보면 생물이 진화한다는 증거를 찾을 수 있어요. 이에는 겉모양이나 작용은 다르지만 그 기본 구조가 같은 상동 기관, 모양과 기능은 비슷하지만 그 발생 근원이 다른 상사 기관이 있어요. 상동 기관인 사람의 팔, 박쥐의 날개, 고래의 앞지느러미, 개의 앞발 등을 비교해 보면 겉모양과 기능은 조금씩 다르지만 모두 앞다리가 변하여 된 것이므로 뼈의 종류나 수 등이 일치해요. 이는 생물이 공통 조상에서 시작하여 각기 다른 환경 속에서 생활하면서 기능이나 형태가 다른 방향으로 진화된 것이라 할 수 있어요. 또한 새의 날개와 곤충의 날개는 모두 나는 기능을 하고 있지만 발생학적으로 볼 때는 달라요. 새의 날개는 앞다리가 변한 것이고, 곤충의 날개는 단단한 겉껍질이 변한 것으로 추측돼요. 이처럼 다른 종의 생물이라도 환경에 적응하는 방향으로 진화한다는 사실을 알 수 있어요.

진화론을 주장하는 이들의 근거는 무엇인지 정리해 보세요.

논리적으로 말하기 1
창조론자가 진화론을 반대하는 근거는?

과학의 역사에서 기독교적인 교리에 어긋나는 혁명을 일으킨 과학자는 독일의 코페르니쿠스(1473~1543)와 영국의 자연 과학자 찰스 다윈(1809~1882)이라고 할 수 있을 겁니다. 그도 그럴 것이 코페르니쿠스는 태양이 지구 주변을 도는 것이 아니라 지구가 태양을 돈다고 하는 지동설을 처음 밝혔고, 다윈은 '지구상의 생물체는 신이 창조하여 지배하고 있다.'는 생각을 뒤집고 진화론을 주장했기 때문이죠.

다윈은 1831년 12월 27일 세계 일주 항해를 위해 비글호를 탔습니다. 그런데 5년이 걸렸던 이 항해가 '진화'를 알게 했고, 생물학 역사상 가장 놀라운 항해가 되리라고는 다윈도 몰랐습니다. 다윈은 많은 자료를 수집하고 기록하면서 동물이 조금씩 변해 가는 모습을 깊이 관찰했습니다. 무엇보다 그를 놀라게 한 것은 갈라파고스의 여러 섬에 사는 동물과 식물이었습니다. 특히 다윈의 흥미를 끈 것은 '핀치'라 불리는 새였습니다. 핀치는 갈라파고스섬 이외에는 세계 어디서도 볼 수 없는 새였으며, 모두 14종의 핀치가 살고 있었는데 섬에 따라 조금씩 그 모습이 달랐습니다. 그리고 또한 각 섬마다 거북의 모습이 크게 달랐습니다. 거북의 모습만 보고 그 거북이 어느 섬에 사는지 알아낼 수 있을 정도였습니다.

항해를 끝내고 돌아온 다윈은 〈종의 기원〉을 출판했습니다. 〈종의 기원〉의 중심 내용은 "자연계에서는 치열한 생존 경쟁이 벌어지고 있다. 그리고 종과 종 사이의 투쟁은 더욱 치열하다. 이 생존 경쟁에서 이겨서 남는 것은 더 유리한 변이를 지닌 개체이다(적자 생존). 이렇게 한 방향으로 진화가 계속되면 종의 변화가 일어난다."였습니다. 다윈의 진화 이론은 그날부터 찬성자와 반대자 사이에 사상 최대의 논쟁이 벌어졌습니다. 반대자의 대부분은 그의 사상이 성서의 내용과 다르므로 신앙을 파괴하고 있다는 것이었습니다. 오늘날 대부분의 과학자가 진화론을 사실로 인정하고, 지구의 나이는 약 46억년이라고 믿고 있지만, 지금도 일부 사람과 단체에서는 진화를 부정하고 있습니다. 진화론이 언제까지 논쟁거리가 될 것인지에 대해 다윈은 일찍 다음처럼 대답하고 있었습니다. "모든 사람이 진화론을 알아주려면 생물이 진화한 기간만큼이나 오랜 세월이 필요할 것이다."

윌버포스 주교의 독설에서 아이디어를 얻어
다윈을 빗대서 풍자한 영국의 신문 만평(1871)

만약 진화론이 사실이라면, '우리의 조상이 원숭이인가?'라고 묻는 창조론자의
문제 제기에 대해 의견을 제시해 보세요.

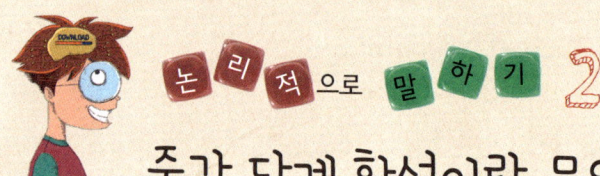

중간 단계 화석이란 무엇일까요?

지금까지 많은 화석들이 발견되었어요. 그 화석들 중에서 한 종에서 다른 종으로 진화하는 과정에 해당하는 화석을 중간 단계 화석이라고 해요. 그런데 창조설을 지지하는 사람들은 이 중간 화석이 없다는 이유로 진화론을 부정하는 근거로 삼고 있습니다. 복잡한 진화 과정에 비하면 이미 발굴된 화석은 빈자리가 너무 많다는 것이죠. 무척추동물에서 척추동물인 물고기로 변하는 데 약 1억년이 걸렸다고 하는데 실제로 그 중간 형태의 화석은 전혀 없다고 주장하고 있거든요.

파충류에서 조류로 넘어가는 중간 단계라고 주장되었던 '시조새'에 대해서도 진화론자와 창조론자 사이에 팽팽한 줄다리기가 이어지고 있어요. 창조론자들은 시조새가 파충류와 조류의 중간 화석이 아니라고 주장합니다. 파충류의 흔적이 남아 있지 않은 100% 완전한 새라고 주장해요. 그 근거로 부리에 이빨이 있고, 날개에는 발가락이 세 개 남아 있으며, 꼬리 속에 뼈마디가 있고, 뼈 속이 채워져 있다는 것을 제시합니다. 하지만 진화론자들은 온몸에 깃털이 나 있고, 그 깃털은 비대칭이며 날개가 발달한 조류의 특징도 가지고 있으므로 중간 단계에 해당한다고 주장해요.

또한 인류의 진화 과정을 완전하게 설명해 줄 수 있는 증거로, 인간과 유인원이 공통의 조상으로부터 분리됐다는 사실을 뒷받침해 주는 확실한 화석 증거가 없기 때문에 진화론은 '가설'일 뿐이라는 주장을 하고 있어요.

사실 중간 화석은 생물이 진화해 오는 과정에서 아직 발견되지 않았기에 많은 고고학자와 생물학자들은 중간 화석을 발굴해 내기 위해 지금도 계속 노력하고 있어요. 이 중간 화석은 진화론을 입증하는 데 매우 중요한 역할을 하기 때문에 진화론을 옹호하는 학자들이나 반대하는 학자들에게도 매우 중요하게 여겨지고 있어요.

인류를 포함한 지구에 존재하는 생물의 근원은 과연 무엇일까요? 생명의 근원은 초자연적인 존재에 의해 생성된 것일까요? 아니면 원시 생명체로부터 환경에 적응하며 진화한 것일까요?

아직까지는 정확한 답변을 하기 어렵기 때문에 진화론이나 창조론 중 어떤 것이 맞는 것인지는 이 중간 화석에 달려 있다고 볼 수도 있겠네요.

창조론자들이 진화론을 부정하는 이유로 제시한 또 다른 것은 "진화론을 입증하는 데 결정적인 역할을 하는 중간 단계 화석이 발견된 적이 없으므로 진화론은 허구이다."라는 내용입니다. 이 내용을 논리적으로 반박할 수 있는 내용을 생각해 보세요.

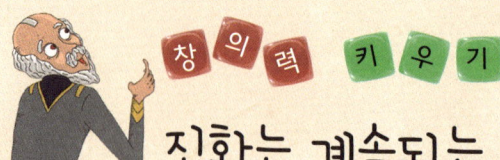

진화는 계속되는 것인가, 멈춘 것인가?

앞으로의 인간의 진화에 대해서는 '인간의 진화는 멈췄다'와 '인간은 계속 진화한다'의 두 주장이 제기되고 있습니다.

먼저 인간의 진화는 멈췄다는 주장을 살펴보면, 수천 종의 오스트랄로피테쿠스의 이종 간 교배로 인간은 진화했고, 살아남은 종은 또 이종 교배로 살아남아서 지금의 인류가 만들어졌다는 것입니다. 그러나 인간은 진화의 정점에 서 버린 상태이기 때문에, 더 이상의 진화는 일어나지 않고 이제는 돌연변이로만 진화가 가능한 상황이 돼 버렸다는 것입니다.

그러나 인간이 계속 진화한다고 생각할 때, 앞으로 우리 인류는 과연 어떠한 모습으로 진화될 것인지 우리의 환경과 더불어 생각해서 적어 보세요.

예시 답안

진화론의 근거는 어떤 것들이 있을까요?

- 화석상의 증거: 생물이 죽은 후 퇴적물 속에 묻혀 그 형태가 돌로 남아 있다가 발견되는 화석들을 연대순으로 늘어놓으면 진화 순서와 맞아떨어진다. 이를 통해서 생물이 진화해 온 발자취를 한눈에 볼 수 있다.
- 발생상의 증거: 척추동물은 종류는 달라도 초기의 발생 과정이 매우 비슷하다. 어느 동물이든 예외 없이 발생 초기에 아가미 틈과 꼬리를 갖는다. 이를 통해 척추동물은 공통 조상으로부터 진화해 왔다는 것을 알 수 있다. 한편 여러 가지 생물의 구조와 기능을 비교해 보면 생물이 진화한다는 증거를 찾을 수 있다. 이에는 겉모양이나 작용은 다르지만 그 기본 구조가 같은 상동 기관, 모양과 기능은 비슷하지만 그 발생 근원이 다른 상사 기관이 있다.

창조론자가 진화론을 반대하는 근거는?

인간의 조상은 원숭이가 아니다. 똑같은 이유로 원숭이의 조상 또한 원숭이가 아니다. 진화론에서 주장하고 있는 것은 인간과 원숭이의 조상이 한때 같았다는 것이다. 그리고 이 조상은 몇 가지 공통점을 가지고 있긴 하겠지만 지금의 원숭이와 인간 어느 것과도 다르다. 최근의 연구에 따르면, 인간과 원숭이의 공통 조상은 대략 600만 년 전 유인원과 인간으로 나뉘었다고 한다. 이 공통 조상에 대한 화석은 남아 있지 않지만 이들은 4족 보행을 했을 것이며 나무 위에서 대부분의 시간을 보냈을 것이다.

중간 단계 화석이란 무엇일까요?

중간 단계 화석은 있다. 아직 발견되지 않은 것들이 많지만 화석 자체의 일부분만 발견된 것도 존재하고, 완전히 깨끗한 상태로 존재할 확률은 정말 극히 일부일 뿐이다. 창조론자들은 중간종 화석이 수백 수십 가지 이상 발견되어야 하는데 발견되지 않는 이유가 뭐냐고 한다. 하지만 그렇게 화석이 많이 나올 수 없는 이유가 있다. 현대에 이르기까지 자연재해와 지각 변동을 거치면서 어떤 생명체의 종이 그대로 깨끗한 화석으로만 보존되어 있을 가능성은 거의 없다. 또 최대한 손실이 없는 상태에서 화석이 되고 그 화석이 지각 변동에 의한 손상을 피하고 깊은 땅속까지 퇴적되지 않은 완전한 상태로 사람들의 육안으로 발굴할 수 있을 확률은 몇 %도 되지 않는다.

정가 480,000원

개념 수학 〈1단계〉① 양치기 소년은 연산을 못한대(수와 연산) ② 견우와 직녀가 분수 때문에 싸웠대(수와 연산) ③ 헨젤과 그레텔은 도형이 너무 어려워(도형) ④ 쉿! 신데렐라는 시계를 못 본대(측정) ⑤ 알쏭달쏭 알라딘은 단위가 헷갈려(측정) ⑥ 떡장수 할머니와 호랑이는 구구단을 몰라(규칙성) ⑦ 아기 염소는 경우의 수로 늑대를 이겼어(자료와 가능성) ⑧ 개념 수학 1단계-백점맞는 수학 문장제 〈2단계〉⑨ 가우스, 동화 나라의 사라진 0을 찾아라(수와 연산) ⑩ 가우스는 소수 대결로 마녀들을 물리쳤어(수와 연산) ⑪ 앨런, 분수와 소수로 악당 히들러를 쫓아내라(수와 연산) ⑫ 오일러와 피노키오는 도형춤 대회 1등을 했어(도형) ⑬ 오일러, 오즈의 입체도형 마법사를 찾아라(도형) ⑭ 유클리드, 플라톤의 진리를 찾아 도형 왕국을 구하라(도형) ⑮ 아르키는 어림하기로 걸리버 아저씨를 구했어(측정) ⑯ 페르마, 수리수리 규칙을 찾아라(규칙성) ⑰ 피보나치, 수를 배열해 비밀의 방을 탈출하라(규칙성) ⑱ 파스칼은 통계 정리로 나쁜 왕을 혼내줬어(자료와 가능성) ⑲ 개념 수학 2단계-백점맞는 수학 문장제 〈3단계〉⑳ 약수와 배수로 유령 선장을 이긴 15소년(수와 연산) ㉑ 입체도형으로 수학왕이 된 앨리스(도형) ㉒ 원주율로 떠나는 오디세우스의 수학 모험(측정) ㉓ 비례배분으로 보물섬을 발견한 해적 실버(규칙성) ㉔ 로미오와 줄리엣이 첫눈에 반할 확률은?(자료와 가능성) ㉕ 개념 수학 3단계-백점맞는 수학 문장제

융합 수학 ㉖ 쌍둥이 건물 속 대칭축을 찾아라(건축) ㉗ 열차와 배에서 배수와 약수를 찾아라(교통) ㉘ 스포츠 속 황금 각도를 찾아라(스포츠) ㉙ 옷과 음식에도 단위의 비밀이 있다고?(음식과 패션) ㉚ 꽃잎의 개수에 담긴 수열의 비밀(자연)

창의 수학 ㉛ 퍼즐탐정 썰렁홈즈1-외계인 스콜피오스의 음모 ㉜ 퍼즐탐정 썰렁홈즈2-315일간의 우주여행 ㉝ 퍼즐탐정 썰렁홈즈3-뒤죽박죽 백설공주 구출 작전 ㉞ 퍼즐탐정 썰렁홈즈4-'지지리 마란드리'의 방학숙제 대작전 ㉟ 퍼즐탐정 썰렁홈즈5-수학자 '더하기를 모테'와 한판 승부 ㊱ 퍼즐탐정 썰렁홈즈6-설국언파 기관사 '얼어도 달리능기라' ㊲ 퍼즐탐정 썰렁홈즈7-해설 및 정답

개념 사전 ㊳ 수학 개념 사전 1(수와 연산) ㊴ 수학 개념 사전 2(도형) ㊵ 수학개념사전 3(측정/규칙성/자료와 가능성)